Dança de Salão

Maria Aparecida Coimbra Maia
Vanildo Rodrigues Pereira

Uma alternativa para o desenvolvimento motor no ensino fundamental

Phorte editora
São Paulo, 2014

Dança de salão: uma alternativa para o desenvolvimento motor no ensino fundamental

Rua Treze de Maio, 596
Bela Vista – São Paulo – SP
CEP: 01327-000
Tel/fax: (11) 3141-1033
Site: www.phorte.com.br
E-mail: phorte@phorte.com.br

CIP-BRASIL. CATALOGAÇÃO NA PUBLICAÇÃO
SINDICATO NACIONAL DOS EDITORES DE LIVROS, RJ

M185d

Maia, Maria Aparecida Coimbra
Dança de salão: uma alternativa para o desenvolvimento motor no ensino fundamental / Maria Aparecida Coimbra Maia, Vanildo Rodrigues Pereira. - 1. ed. - São Paulo : Phorte, 2014.
224 p. : il. ; 24 cm.

Inclui apêndice
ISBN 978-85-7655-489-9

1. Dança de salão - Brasil. I. Pereira, Vanildo Rodrigues. II. Título.

14-09278 CDD: 305.26
CDU: 316.346.32-053.9

---

ph1582.1

Este livro foi avaliado e aprovado pelo Conselho Editorial da Phorte Editora.
(www.phorte.com.br/conselho_editorial.php)

Impresso no Brasil
Printed in Brazil

À minha filha, Maria Luísa, presente de Deus na minha vida.

À minha mãe, Lisieux, fonte de fé, amor e dedicação.

Ao meu pai, Haroldo, exemplo de honestidade e simplicidade.

Ao meu marido Luiz, minha inspiração e admiração.

Aos meus queridos irmãos, Lúcia e Cícero.

Às minhas sobrinhas, Lis e Lu.

Cida Maia

À minha família pelo incentivo em todos

os momentos da vida profissional.

Aos alunos e professores que poderão servir-se da consulta

ao presente livro em seus trabalhos acadêmicos.

Aos profissionais que poderão utilizar em suas aulas

o conteúdo que oferecemos.

Vanildo Rodrigues Pereira

Gostaria de agradecer especialmente a Deus, por ter me dado forças e proporcionado tantas realizações em tão pouco tempo.

Aos professores Noriko Sonoo, Lenamar Vieira e Larissa Lara, pelas importantes contribuições; à professora Cátia Volp (*in memoriam*), pela revisão e pelas sugestões ao trabalho desenvolvido; e, em especial, ao professor Vanildo, pela indispensável orientação.

Ao grande mestre Jaime Arôxa, por todo o conhecimento transmitido, minha eterna admiração.

A todos os colaboradores durante a coleta de dados: Juca, Ariane, Maiara, Ricardo, Bruna, Claudinei e, em especial, ao Tato, pela contribuição durante a intervenção.

Aos alunos que participaram da pesquisa, sem os quais nada disso seria possível.

Aos amigos do coração: Ana, Juscelina, Carlos e Neire, não existem palavras para expressar toda a gratidão, o carinho e o amor que sinto por vocês.

Ao meu querido marido, Luiz, pela sua valiosa ajuda no difícil começo.

À minha filha, pelo amor incondicional.

Aos meus pais, pelo apoio e incentivo em todos os momentos, e pela compreensão da minha ausência.

A todos, muito obrigada!

Cida Maia

Dança de Salão
CIDA
MAIA

Agradeço aos meus familiares e colegas, tanto pela paciência e pelo incentivo quanto pela colaboração em algum momento da elaboração deste livro.

Em especial, à minha esposa, Elisabete; à minha orientanda, de quem sou coautor, Cida Maia; à professora Larissa, pelas opiniões e por prefaciar este livro; e à professora Cátia Volp (*in memoriam*), pelas correções em sua participação na banca de mestrado, cuja dissertação deu origem à presente obra.

Aos alunos do Centro de Aplicação Pedagógica da Universidade Estadual de Maringá (UEM) que aceitaram participar da pesquisa que avaliou a influência da aprendizagem da Dança de Salão sobre o Desenvolvimento Motor em seus aspectos coordenativos, bem como aos voluntários, alunos do Departamento de Educação Física da UEM, pelo auxílio qualificado na coleta dos dados.

Sobretudo, agradeço a Deus pela oportunidade de conduzir a orientação de tão importante pesquisa, que espero seja aproveitada em ações nas escolas, de modo a concretizar no ensino o que se produziu cientificamente.

Vanildo Rodrigues Pereira

Apresentação

A área do desenvolvimento motor humano tornou-se vasta em literatura científica, tanto pela produção de livros quanto pela de artigos que a fundamentam de modo profícuo na atualidade.

Na escola, com a Educação Física, muito se faz em termos práticos na direção do desenvolvimento motor desde a infância, estimulando os alunos por meio de jogos, brincadeiras e esportes, principalmente.

Entretanto, o planejamento da Educação Física apresenta-se diferenciado de escola para escola, e, muitas vezes, o estímulo ao desenvolvimento e à aprendizagem motora é proporcionado desordenadamente, de maneira não sequencial, deixando de seguir uma diretriz que garante avanços sucessivos conforme a idade, a maturação e as fases de desenvolvimento, tão conhecidas no âmbito teórico.

A dança reúne movimentos estritamente ligados às capacidades coordenativas, que exigem tanto o domínio dos movimentos no tempo, no espaço, no ritmo e na lateralidade quanto a atuação coordenada entre indivíduos para essas mesmas capacidades. Entretanto, essas capacidades têm sido pouco exploradas na escola como instrumento qualitativo nas aulas de Educação Física, estruturadas com base em jogos e esportes, os quais, sem dúvida, dominam as ações nesse campo.

A proposta que se faz nesta obra teve como base resultados de pesquisa científica e pode orientar os interessados em iniciativas de formação humana e educacional, uma vez que a dança é uma alternativa segura e eficiente, e inclui todo o envolvimento da pessoa: domínio dos aspectos motores, afetivos (ou afetivo-sociais) e cognitivos.

Assim, entrega-se este livro à comunidade, esperando efetivar-se tal contribuição.

Maria Aparecida Coimbra Maia
Vanildo Rodrigues Pereira

Prefácio

A condição humana não se faz de uma dimensão única. Como seres complexos, não nos contentamos com nossa própria limitação, o que nos leva a buscar espaços em que a plenitude possa ser alcançada. Os caminhos que elegemos são variados, uma vez que cada sujeito constrói modos peculiares de expressão da racionalidade, do saber sensível e do agir moral. Para alguns, a plenitude pode se dar pela arte, pela dança, pela música ou pelo trabalho; para outros, ela se concretiza no brincar, no lazer, na leitura ou no sexo. Entretanto, independentemente das escolhas, vale reconhecer que essas buscas são desafios cotidianos que nos tocam nas tentativas de nos tornarmos menos fragmentários.

Falar de dança e, em especial, da dança de salão, é tocar num dos caminhos eleitos pelos sujeitos para o alcance de sua plenitude. O sentido ético-estético do corpo que dança, ou seja, as normas orientadoras desse fazer corpóreo e seu mundo sensível, acrescido da relação de cumplicidade com o outro, da experiência musical, das técnicas corporais próprias de cada ritmo e sua construção histórica fazem da dança de salão uma prática corporal de formação humana, sobretudo quando o foco se dá nos planos artístico e educacional. Ela é capaz de levar o ser que dança a transcender tempos e espaços profanos para o ingresso num tempo-espaço sagrado, sendo tema investigativo de muitas produções acadêmicas, sob enfoques diversos.

A obra de Maria Aparecida Coimbra Maia (Cida Maia) e Vanildo Rodrigues Pereira, que tenho a satisfação de apresentar ao leitor, elege como pilares a dança de salão, o desenvolvimento motor e a escola, sendo resultante de dissertação de mestrado defendida junto ao programa de pós-graduação associado em Educação Física da Universidade Estadual de Maringá e da Universidade Estadual de Londrina. A discussão proposta pelos autores passa pelo entendimento da dança de salão na escola como processo que pode contribuir para a formação da criança, de modo que ela assimile esse conhecimento por toda a vida. O percurso que elegem para pensar a dança de salão como alternativa de ensino no sistema formal se dá pelo desenvolvimento motor e pela percepção de competência, embora não deixem de entendê-la, mesmo que brevemente, em suas dimensões históricas, sociais e educacionais.

Cida Maia e Vanildo trazem sua contribuição pedagógica à Educação Física de um recorte específico em que procuram identificar se um programa de iniciação em dança de salão pode melhorar a coordenação motora dos alunos. Para tanto, elaboraram o referido programa para aplicação junto a crianças do 4º ano do ensino fundamental de uma escola pública na cidade de Maringá-PR, com o intuito de verificar níveis de coordenação motora e níveis de percepção de competência, assim como observar correlações e avaliar os grupos investigados. Esse programa foi pensado com base na experiência profissional de Cida Maia com dança de salão em associação à teoria de Rudolf Laban, contando com um quadro organizado com alguns ritmos e respectivas ações básicas de esforço, elaborado para essa finalidade, que não deixa de ser inovador, nem de conter seus riscos, já que as classificações tendem a contar com suas exceções.

O livro é estruturado em seis capítulos e inclui apontamentos históricos e educacionais breves a respeito da dança de salão, reflexões sobre desenvolvimento motor e percepção de competência, metodologia, programa de iniciação em dança de salão, testes e tratamento do material. Praticamente os autores mantiveram a estrutura adotada na dissertação de mestrado, sendo generosos ao deixarem explícitos os caminhos adotados de modo a subsidiar estudos semelhantes.

Os autores iniciam o livro com uma preocupação histórica da dança de salão e lembram o quanto essa manifestação fez parte da história de homens e mulheres, acompanhando as transformações sociais, revelando desejos, povos, culturas e modos de utilização do corpo na relação com o outro. A partir de então, a dança de salão é tratada, sob a égide da Educação e da Educação Física, como prática corporal que pode contribuir para a formação das pessoas, entendendo que essa necessidade transcende a questão técnica. Para eles, a dança de salão é um meio de desenvolver capacidades de expressão de movimento e criatividade. Afirmam que negá-la como atividade educativa é não admitir que ela possa ampliar os conteúdos educacionais, notadamente, na Educação Física Escolar. Tal reflexão é bem-posta, sobretudo pela predominância, no sistema formal, de uma tradição que elege o intelecto como prioridade em detrimento das práticas corporais. A defesa da dança de salão como manifestação cultural que pode transformar positivamente habilidades motoras dos discentes na sua relação com o ambiente, propiciando que obtenham domínio de seu corpo por meio de habilidades específicas e complexas, é feita pelos autores. Eles advertem que essa relação também pode ser modificada mediante a percepção de competência, uma vez que pessoas que se visualizam como altamente competentes seriam mais motivadas para os desafios cotidianos e para o processo de aprendizagem. Daí observarem ser necessário um programa de ensino em dança de salão que proporcione desafios moderados ajustáveis aos iniciantes para que não desistam do processo.

Houve preocupação também por parte de Cida Maia e Vanildo com a coleta de dados sobre as crianças e seu entorno, os quais agregam local onde moram, tempo gasto com televisão e computador, se brincam na rua, se praticam esportes, se já tiveram experiência com dança, se conhecem dança de salão e se gostariam de aprendê-la, numa perspectiva diagnóstica. Tais complementações reforçam o cuidado dos autores com um conhecimento que, embora focado no desenvolvimento motor e na percepção de competência, não deixa de perceber variáveis sociais. Eles concluem a importância do ensino da dança na escola e entendem que uma proposta de inclusão da dança de salão na Educação Física Escolar pode valorizar o processo educacional e a formação dos educandos.

A tematização da dança de salão na escola pelos autores traz uma contribuição singular ao entendimento dessa manifestação, que é tratada pela mídia em espaços não formais de ensino. Por ser a dança de salão tradicionalmente ensinada em academias e em escolas de dança, o imaginário social construído leva a percebê-la restrita a esses locais. Ainda, as características próprias do corpo que experiencia a dança de salão, expressas no domínio técnico aprimorado, no contato com o outro, na sensualidade e na criatividade, também fazem que ela seja visualizada de forma extraescolar. Assim, a opção feita por Cida Maia e Vanildo por tratar a dança de salão no espaço da escola contribui para minimizar preconceitos acerca da possibilidade desse tipo de dança no sistema formal de ensino, avaliando que ela pode ser trabalhada em uma perspectiva educacional que contribua com a ampliação das experiências corpóreas dos alunos e com sua sociabilidade. Ainda vale ressaltar que o desafio do "tempo-espaço-escola" também foi posto a Cida Maia e aceito por ela, algo a ser amplamente considerado, pois a autora sempre trabalhou a dança de salão como profissão em meio não escolar.

Concluindo, lembro que um livro é sempre resultado de várias interlocuções, pois reflete algo elaborado com base no diálogo virtual ou pessoal com sujeitos, instituições, entre outros, sempre em meio a acertos e desacertos, encontros e desencontros no exercício intelectual. Assim, por ter participado do processo ritualístico que antecedeu a construção dessa obra, como interlocutora, nada mais memorável ao falar sobre dança de salão que lembrar a professora/pesquisadora Cátia Volp (*in memoriam*), que deu suas contribuições à consecução dessa pesquisa, trazendo sábia e generosamente seus apontamentos em banca de defesa pública. Cátia elegeu a dança como um dos temas investigativos de sua vida e a dança de salão como um dos focos de suas pesquisas, sobretudo como campo de formação humana. Ela está, certamente, em parte dessa obra.

Agradeço a Cida Maia e a Vanildo por terem, gentilmente e de modo amistoso, feito o convite para escrever esse prefácio. Reconheço que essa não é tarefa fácil, considerando as aproximações e os distanciamentos com o tema, bem como o logro da própria escrita que nem sempre traduz de modo eficaz aquilo que almejamos dizer. Destaco a ousadia dos colegas em discutir a contribuição da dança de salão ao desenvolvimento motor de crianças em âmbito escolar como conhecimento que pode complementar sua formação sem, ao mesmo tempo, deixar de tangenciá-la em seus aspectos sociais e educacionais. Tal ação traduz a preocupação dos autores em entender o ser humano para além de sua dimensão motora, reconhecendo-o como complexo, incompleto e aberto a inúmeros aprendizados. Que *Dança de salão: uma alternativa para o desenvolvimento motor no ensino fundamental* possa ser uma obra de interlocução e debate.

Professora Doutora Larissa Lara
Universidade Estadual de Maringá - PR

Sumário

Introdução

Ao longo da história do homem, desde a era mais remota, a dança faz parte da cultura de todos os povos, sejam eles índios, brancos ou negros, com suas diferentes características e manifestações religiosas, místicas ou sociais. Villari e Villari (1978, p. 18) afirmam que:

> desde que o homem habita essa terra ele dança. A dança é a mais velha arte do homem; mais velha do que a linguagem ou a música. O homem primitivo muitas vezes usava a dança e os movimentos, em vez de linguagem, para exprimir seus pensamentos.

A dança representa uma das primeiras formas de manifestação e divertimento sociocultural da humanidade, fruto da necessidade de as pessoas se expressarem e vencerem barreiras e limitações. Desde as sociedades mais primitivas, a dança acompanhou a transformação histórica do homem, tanto em seu conceito como na própria ação de se mover. No decorrer do tempo, os movimentos dançantes sofreram transformações, criando tradições e estilos diferentes.

Segundo Faro (1986), a evolução da dança seguiu um trajeto determinado: o templo, a aldeia, a igreja, a praça, o salão e o palco. Assim foram se originando as diferentes manifestações de dança, como as danças folclóricas, as clássicas, as danças populares, as sociais e, também, a dança de salão, objeto de estudo deste livro.

O mesmo autor refere que esse estilo de dança, assim como as primeiras, na sua trajetória histórica, contribui para a cultura do homem de diferentes épocas – renascentista, moderna e contemporânea –, fazendo que sua linguagem reflita as características e os estilos de vida dos diferentes povos.

Com base em Perna (2002), no Brasil, isso ocorreu a partir do século XVI, quando diferentes nacionalidades europeias trouxeram a dança de salão, inicialmente em sua forma rudimentar e, posteriormente, em forma de pares enlaçados, no início do século XIX. Porém, a sua ação mais contundente na vida das pessoas aconteceu a partir do século XX, quando ela se projeta pelo cinema e pelos meios de comunicação (Villari e Villari, 1978), o que promoveu a propagação para grande parte da população.

Assim, desde o século XV, sua manifestação se transformou e é apreciada e praticada com diferentes objetivos. Entre eles, destaca-se a sua inserção no âmbito da Educação Física, da saúde, do meio artístico, do esportivo e do entretenimento, fazendo que diferentes estilos sejam consagrados e praticados em diversas regiões do país, como o samba de gafieira, o merengue, o soltinho, o forró, o vanerão, o bolero, a salsa, o tango, a valsa, entre outros.

Essa variedade de ritmos demonstra que o Brasil, do ponto de vista da dança de salão, possui uma diversidade cultural riquíssima que, sem dúvida, pode enriquecer o universo da Educação Física na escola. A avaliação decorrente dos anos de ensino dessa modalidade e da percepção de sua contribuição ao ser humano instigaram a realização desta obra, na qual se procurou dar uma abordagem mais ampla da dança de salão como meio estimulante do desenvolvimento motor e da percepção de competência, ou seja, alicerçando uma alternativa para tal na escola, uma vez que ela pode ser praticada desde as idades mais jovens até a velhice. Entende-se, assim, que a dança de salão na educação física deve ser um processo que pode contribuir na formação da criança e, até mesmo, prolongar-se por toda a existência do ser humano.

De acordo com Verderi (2000), acredita-se que a presença da dança de salão nas diferentes faixas etárias, a partir da sua iniciação pela educação física, colabora com o autoconhecimento e o equilíbrio pessoal face ao mundo. No contexto da educação física, a dança de salão, por um lado, constitui uma dinâmica de vivências de valores históricos, sociais, culturais e até mesmo políticos, necessários ao desenvolvimento humano. Por outro lado, possibilita a aquisição de novos valores, contribuindo para uma educação geral consistente. Um amplo e diversificado suporte de movimentos corporais pode contribuir para tais avanços.

Para oportunizar o ensino-aprendizagem da dança de salão na escola, deve-se considerar que o educando é um ser que pensa, age e sente, e é capaz de explorar suas possibilidades em benefício da própria educação corporal, especialmente para se relacionar com diferentes situações. Para Laban (1978), é pelo movimento que o ser humano interage com o meio ambiente para alcançar os objetivos desejados ou satisfazer suas necessidades. A dança de salão, como atividade que traz na sua essência o movimento humano, pode ser praticada na escola com o objetivo de desenvolver habilidades motoras e, pelos pressupostos a ela inerentes, ampliar as competências afetivas, cognitivas e sociais.

Já como componente da Educação Física, a dança deve ser praticada na escola como meio de interferir positivamente no desenvolvimento motor dos alunos. Ulrich (2007) define o desenvolvimento motor como um estudo da mudança de comportamento motor que o indivíduo adquire ao longo do tempo, incluindo trajetórias típicas de comportamento durante sua vida, como os processos que estão por trás das mudanças observáveis no desempenho motor e os fatores que influenciam o próprio comportamento motor. Assim, a dança de salão pode ser um importante instrumento no processo de ensino-aprendizagem. Conforme Valentini e Toigo (2006), é fundamental conhecer os níveis de desenvolvimento motor das crianças, bem como os fatores afetivos, biológicos e socioculturais que podem influenciar o desenvolvimento de suas habilidades motoras e da percepção de competência, antes da estruturação de programas motores que vão ao encontro das necessidades dos alunos.

Procura-se, neste livro, desenvolver uma aproximação pedagógica que contribua para que os educandos possam construir sua autonomia. Com base nessas considerações, buscou-se descrever o problema central desta obra: alunos do 4º ano do ensino fundamental I, submetidos a um programa de iniciação em dança de salão, têm sua coordenação motora corporal melhorada quando comparados tanto com sua situação inicial, quanto com outros alunos do mesmo período submetidos a um programa de Educação Física em que esse conteúdo não seja ministrado? Haveria relação compatível por influência dessa prática entre o desempenho e o nível de percepção de competência?

Para buscar respostas a essas e outras questões, foram formulados os objetivos que alicerçaram este livro. O objetivo geral é investigar a influência de um programa de iniciação à dança de salão na escola sobre o desempenho motor de alunos de 8 a 10 anos de idade. Os objetivos específicos são propor um programa de iniciação em dança de salão para alunos do 4º ano do ensino fundamental I de ambos os sexos, especialmente elaborado para a pesquisa, identificar os níveis de eficiência pessoal antes e depois, bem como os níveis de percepção de competência; do mesmo modo, avaliar os níveis de coordenação motora geral e comparar os resultados revelados nos testes entre um grupo submetido ao programa com outro, participante apenas das aulas de Educação Física em que esse conteúdo não foi ministrado e, ainda, identificar possíveis correlações entre desempenho motor e percepção de competência.

1 Breve histórico da dança de salão

A dança é uma das primeiras formas de comunicação e manifestação social do homem e o auxilia a se afirmar como membro da sua comunidade (Morato, 1993). Por ser considerada uma linguagem social, possibilita a transmissão de sentimentos e emoções com relação à afetividade vivida em vários aspectos, como o da religiosidade, dos costumes e dos hábitos, do trabalho, da saúde e da guerra, ou seja, como todas as artes, a dança é fruto da necessidade de expressão do homem (Soares et al., 1992). De qualquer modo, ela é mais que expressão: é comunicação, celebração, participação e jogo (Faro, 1986; Vargas, 2005).

A dança, que nasce de uma necessidade interior de expressar sentimentos por meio do movimento corporal (Vargas, 2005), como desejos, alegrias, pesares, temores, poderes, entre outros, está intimamente ligada à necessidade material do homem primitivo por amparo, abrigo, defesa, conquista, saúde e comunicação (Ossona, 1988). Observando a natureza, seus fenômenos e a relação com suas necessidades, o homem cria fórmulas mágicas que traduzem seus desejos. Dessa forma, "as primeiras danças do homem foram as imitativas, em que os dançarinos simulavam os acontecimentos que desejavam que se tornassem realidade, pois acreditavam que forças desconhecidas estariam impedindo sua realização" (Soares et al., 1992, p. 82).

Para os povos primitivos, a dança era uma entrega total e absoluta e consistia em uma atividade motora poderosa e febril (Ossona, 1988). A qualidade dos movimentos repousava em motivações e não consistiam em mero divertimento; era uma ação espontânea que parecia ser parte integrante da sua vida social (Nanni, 2003). Ossona (1988) ainda afirma que algumas dessas particularidades perduram em nosso tempo, e a diferença reside no fato de que, hoje, existe uma atenuação por elaboração intelectual ou por análise, em processos de criação e construção da dança.

De acordo com Villari e Villari (1978), acredita-se que, à medida que as civilizações se desenvolviam, a dança tornou-se divertimento social. Supõe-se que, assim como a linguagem, a dança passou a refletir a herança cultural e os estilos de vida de seus criadores. As diferentes culturas criaram tradições e estilos diversificados, passando do jogo simbólico para a expressão lúdico-religiosa. Nanni (2003) acrescenta que, a partir do século XVII, começa a surgir a divisão pelos tipos de dança, com base na divisão social em classes.

Assim, surgem as danças camponesas, mais rudes, e as danças da corte, repletas de requinte e elegância.

Segundo esses autores, as danças da corte, gradualmente adaptadas das danças dos camponeses, integram-se às regras de etiquetas dos palácios, ao modo de vida e aos valores, tornando-se suaves e menos vigorosas. Os especialistas em danças medievais, como as danças camponesas e cortesãs, são quase unânimes em apontar que as danças de salão descendem diretamente das modalidades populares, ao serem transferidas do chão de terra das aldeias para o chão de pedra dos castelos medievais.

De acordo com Faro (1986, p. 30), é possível resumir a trajetória da dança ao longo dos séculos: "ao dividirmos a dança basicamente em três etapas, ou seja, étnica, folclórica e teatral, deixamos propositalmente um quarto elo entre o segundo e o terceiro: a dança de salão". O autor acrescenta que a evolução da dança seguiu um trajeto determinado: o templo, a aldeia, a igreja, a praça, o salão e o palco. Afirma, também, que o salão inclui todas as danças que passaram a fazer parte da vida da nobreza europeia da Idade Média em diante. Em um primeiro momento, nasceu o minueto, constituído de pequenos passos, curtos, miúdos e "apertados" (*menu pas*), bastante graciosos e elegantes (Giffoni, 1974; Nanni, 2003).

O minueto era dançado pelos casais em compasso 3/4 e pausadamente, ou seja, seu ritmo é ternário e seu andamento, lento, contando com graciosidade e equilíbrio dos movimentos. Porém, os pares ainda não dançavam enlaçados (ou semiabraçados, com o cavalheiro pousando a mão na cintura da dama). Essa dança conservou-se popular durante quase 150 anos e foi considerada a precursora da valsa (Villari e Villari, 1978; Perna, 2002).

A dança de salão, também chamada de dança social ou dança aos pares (Villari e Villari, 1978; Fern e Fern, 1982), surgiu na Europa na época do Renascimento (séculos XIII a XVII). Por volta do século XV, "tornou-se uma forma muito apreciada de lazer, quer entre a plebe ou entre os nobres" (Perna, 2002, p. 11). Chegou ao Brasil no século XVI pelos portugueses e, posteriormente, por outros imigrantes. Nos séculos XVII e XVIII, a Espanha era o grande foco de irradiação cultural e influenciava muito o Brasil e o mundo latino. Como exemplo dessa influência, há as danças sapateadas e o fandango (dança em pares conhecida em Portugal e na Espanha desde o período barroco, caracterizada por movimentos vivos e agitados, em ritmo 3/4, frequentemente acompanhada de sapateado e castanholas).

De acordo com Perna (2002), entre os séculos XVII e XVIII a influência de Madri no Brasil foi paulatinamente substituída por Paris, país-modelo a ser seguido tanto na cultura, quanto na moda. Paris, todavia, já possuía danças de salão importantes, como a gavota – que, segundo Villari e Villari (1978), era dançada pelos camponeses com movimentos animados em compasso 4/4 –, que foi substituída pelo minueto do século XVII. Posteriormente, quando Paris já não exercia mais influência, o minueto também tornou-se moda no Brasil. A Inglaterra também foi bastante influente, por meio da *country dance*, que deu origem à *contredanse* francesa e, posteriormente, à *quadrille*, que, posteriormente, veio ao Brasil por influência de Paris (Giffoni, 1974; Perna, 2002).

Segundo Bregolato (2000), as pessoas dançam desde os tempos mais remotos, mas foi somente a partir do século XVII que surgiram os pares enlaçados, que caracterizam a dança de salão. Nesse período surge a valsa na corte austríaca, a primeira dança de salão. Inicialmente, foi considerada imoral e condenada pela Igreja, em razão de os pares se abraçarem. Conforme Perna (2002), a dança de salão chegou a Paris no final do século XVIII, a partir da valsa proveniente dos povos germânicos, dançada por pares enlaçados, e dama e cavalheiro dependiam um do outro. No Brasil, a valsa chegou por volta de 1837.

> É uma dança ternária que no Brasil desenvolveu características próprias [...] Nunca foi uma dança popular, sempre foi uma dança aristocrática, sendo dançada ainda hoje em bailes de debutantes e casamentos. (Perna, 2002, p. 16)

Conforme Perna (2002), com a vinda da corte portuguesa para o Rio de Janeiro, muitos hábitos europeus foram assimilados. A dança e a música eram as maneiras de lazer mais apreciadas pela sociedade letrada. Com a dança de salão, a vida social intensificou-se totalmente no Brasil, ainda que contra a vontade dos senhores de engenhos. Tornou-se uma prática inevitável, pois não faltavam motivos para um baile, fato que acabou levando a mulher a se destacar mais na sociedade. Com o constante interesse, a dança e a música começaram a ser ensinadas nos colégios e eram vistas como símbolo de educação. Embora a dança entrasse nos currículos dos colégios, os cursos existentes nessa cidade eram somente de dança de salão.

Villari e Villari (1978, p. 20) afirmam que "as duas primeiras décadas do século XX trouxeram uma revolução importante para a arte da dança social" com o advento do cinema. Durante todo o século XX, a dança de salão apresentou uma série de ritmos novos e cada vez mais empolgantes, levando ao surgimento de maneiras diferentes de dançar. Durante as décadas de 1960 e 1970, a dança de salão apresentou mais progressos e modificações que nos dois últimos séculos, com a introdução do *rock'n'roll* e do *twist*, considerados inovações ousadas em matéria de expressão pessoal, pois não havia passos determinados e nenhum padrão a ser seguido.

Nessa época, de modo geral, homens e mulheres continuavam a dançar juntos, mas as novas danças induziam à individualidade e desestimulavam os contatos pessoais. Segundo os autores, surgiram, assim, as primeiras discotecas nos anos 1960 e os concertos de *rock*, nos quais as pessoas passaram a assistir em vez de participar. A Segunda Guerra Mundial também contribuiu para reprimir o universo da dança social, pois, uma vez que a maioria dos homens estava na guerra, as mulheres, em suas casas, dançavam sozinhas ao som de *swing*. Em meados dos anos 1970, as pessoas se dividiram entre dois grupos: as que optaram em ser parte do público e as que não queriam mais ficar à margem e passaram às pistas de dança das discotecas, período em que, de modo geral, separaram-se os corpos para serem reaproximados com o ressurgimento da dança de salão por meio da lambada, no final dos anos 1980 no Brasil, modalidade disseminada logo em seguida para diversos países. Conforme Perna (2002), a dança de salão nunca deixou de existir durante o auge das discotecas, e é equivocado afirmar que ela se restringiu apenas às gafieiras. Ela esteve presente de maneira ostensiva nos bailes do subúrbio, mas distante da elite social da zona sul do Rio de Janeiro e, também, dos padrões da moda e da mídia.

A dança de salão é, portanto, designada para todos os tipos de danças sociais e é executada por pares em reuniões ou em bailes. Pode ser classificada como dança social quando praticada com objetivos claros e bem definidos, ou seja, quando o intuito é socializar e divertir os casais, e tais objetivos podem ser associados ao local da prática propriamente dita, que comumente acontece em grandes salões, para que seja possível realizar as evoluções características de cada estilo da modalidade. Enquadra-se na categoria "dança popular", que se origina de causas sociais, políticas ou acontecimentos destacados de algum movimento (Faro, 1986; Fahlbusch, 1990; Bregolato, 2000; Perna, 2002).

A dança de salão é uma cultura essencialmente europeia que os países americanos adaptaram ao ritmo e à ginga africana. No Brasil, especialmente, a mistura dos imigrantes com os indígenas e os africanos favoreceu a formação cultural brasileira, fato muito importante para a dança que atualmente caracteriza esse país (Perna, 2002), o que favoreceu a aceitação de diversos tipos de danças de salão, entre elas o tango, a salsa, o merengue e a criação de danças tipicamente brasileiras, como o maxixe, o samba de gafieira e o forró.

Como a riqueza e a diversidade de ritmos e estilos da dança de salão são grandes, portanto, faz-se necessário trazer recortes específicos e relacioná-los, sobretudo, com a educação e a educação física.

A dança de salão como educação

O objetivo principal deste tópico é trazer reflexões sobre a dança de salão na dimensão educacional, uma vez que essa relação é essencial para instigar uma prática corporal que possa, efetivamente, contribuir com a formação das pessoas. Entender a dança de salão nessa perspectiva é atentar para o fato de que seu ensino vai além da questão técnica, que não deixa de ser importante, e amplia as possibilidades de experiência, aprendizado e contato com outras pessoas.

A educação se inicia no nascimento do indivíduo e o acompanha durante toda sua existência, provocando mudanças mais ou menos intensas. Para tanto, é importante que se tenha uma base sólida para que o desenvolvimento da pessoa contemple todas as dimensões, servindo às mais diferentes aprendizagens. Sendo assim, os alunos aprendem com mais rapidez e facilidade, o que faz que adquiram gosto em aprender e sintam-se capazes de adquirir novos conhecimentos (Shigunov e Pereira, 1993).

Importa salientar que o objetivo da educação não é somente ensinar a ler, escrever, dar forma a um pensamento, seja ele abstrato ou concreto, mas, também, ajudar o indivíduo a construir a ambição pelo espírito de cooperação, honestidade, respeito pelo próximo e conservação da natureza, além de tudo que contextualize seu próprio corpo. Além dessas capacidades, Schmidt (1964) e Ávila, Araújo e Nunomura (2005) acrescentam que é importante educar o indivíduo para que ele possa resolver um problema e expressar-se corretamente. No caso de uma habilidade motora, é importante adquirir competências para resolver problemas motores específicos. Desse modo, realmente é possível atender às necessidades básicas do ser humano, contribuindo para a formação de uma personalidade que enfrente os problemas da vida diária, seja nos planos material, físico ou espiritual.

Para Delors (2005), a educação, no mundo todo, suscita um interesse crescente, pois se tornou uma condição prévia e indispensável ao desenvolvimento social, cultural e econômico, por sua capacidade de reduzir deficiências e também de edificar uma compreensão comum entre pessoas ou grupos étnicos e culturais diferentes. No passado, direcionava-se o indivíduo à educação como o principal meio para que ele, no futuro, encontrasse a prosperidade econômica e sociocultural, aspectos que serviriam para solidificar o bem-estar físico e mental e sua realização pessoal.

Atualmente, vários são os estudos que mostram que a educação avança na perspectiva de contribuir para a resolução de problemas que os indivíduos enfrentam na sociedade moderna. Para Behrens (2000), um dos grandes méritos deste século é que se despertou a consciência para a importância da educação como elemento necessário para se viver plenamente como pessoa e como cidadão envolvido na sociedade. Isso significa que o interesse por uma melhor qualidade de ensino não desponta somente às pessoas comuns, pois também é despertado gradativamente nos governantes, especialmente aqueles direcionados aos sistemas de ensino de várias instâncias, em diferentes localidades do planeta.

Do ponto de vista de Delors (2005), pode-se dizer que a educação é a chave do progresso da humanidade à medida que o saber e a informação, por meio do ensino-aprendizagem, fazem os seres humanos dominarem cada vez mais os diferentes setores da atividade humana. De acordo com seu pensamento, o ensino-aprendizagem em qualquer fase do desenvolvimento torna-se ainda importante por contribuir para que os indivíduos tenham uma melhor adaptação na vida profissional ou nos momentos de lazer, ou, ainda, em qualquer outra atividade relacionada à sua vida particular.

Proporcionar ensino-aprendizagem em qualquer etapa de desenvolvimento humano representa perceber que a multiplicidade dos objetivos educacionais é determinante para o progresso individual e coletivo do ser humano e da sociedade em geral. Godinho et al. (1999) apontam que o ensino contribui para a transmissão da cultura para as futuras gerações e é um dos processos mais importantes atualmente. A cultura é o reflexo daquilo que se ensina, ou seja, o tipo de sociedade desejada depende do tipo de educação que se ensina em qualquer um dos anos escolares.

Para Verderi (2000), do ponto de vista escolar, a educação buscada deve possibilitar autoconhecimento aos alunos, para que eles tenham compreensão de si mesmos e de seu mundo, além de lhes possibilitar prazer ao entrar em contato com o universo lúdico. A consciência crítica é outro fator importante que a educação escolar deve desenvolver nos educandos, que, para Verderi, favorece e os incentiva a manifestar suas ideias por meio de um agir pedagógico coerente, para que possam se expressar não apenas através de suas ideias ou pensamentos lógicos, mas, também, por meio de suas corporeidades. Portanto, não se pode mais fugir de uma educação corporal, pois o aluno, por meio de seu corpo, corre, brinca, chora, ri e dança. Enfim, há movimento em tudo que faz.

Percebe-se que uma educação adequada para a formação integral do ser humano depende da oferta de conhecimentos teórico-práticos que possam influenciar significativamente o desenvolvimento psico-físico-social de qualquer indivíduo. Para Delors (2005), nas sociedades atuais, os cidadãos precisam de uma variedade muito maior de capacidades em relação ao passado, não apenas no aspecto cognitivo, mas, também, nos planos afetivo e motor.

Segundo Verderi (2000), a educação por meio do desenvolvimento afetivo, cognitivo e, principalmente, motor, é a maneira do indivíduo se transformar. Evidentemente, a seleção de conteúdos educacionais que sejam significativos e façam parte do contexto dos alunos e da história da humanidade é indispensável na grade curricular das escolas. Desse modo, verifica-se que, no contexto da sociedade brasileira, há um universo muito valioso de conteúdos educativos que podem propiciar, nos educandos, diferentes formas de expressão que estão direta e indiretamente associadas ao desenvolvimento motor dos aprendizes.

O processo de aprendizado e desenvolvimento motor tem início na concepção e continua por meio de inúmeras alterações até o fim da vida. Gallahue e Ozmun (2003) consideram a educação motora um processo permanente de alterações do comportamento motor em função de fatores ambientais, tais como oportunidades para a prática, incentivo, instrução e contexto do ambiente. Dessa maneira, deve-se oportunizar e incentivar o aprendizado da dança de salão na escola.

Conforme Marques (1997), a escola pode dar parâmetros para sistematização e apropriação consciente dos conteúdos específicos da dança, que teria, assim, o papel de instrumentalizar e construir conhecimento a partir dessa habilidade motora, elemento essencial para a educação do ser social. Segundo Vargas (2005), podemos utilizá-la na educação, na saúde, na arte ou na recreação, e pode-se trabalhá-la como uma das mais completas atividades, já que é uma manifestação natural e espontânea do ser humano (Ávila, Araújo e Nunomura, 2005).

Ao tratar da dança no âmbito educacional, Verderi (2000) e Oliveira (2004) consideram-na um conteúdo da Educação Física, que serve para a expressão da corporeidade dos educandos por meio do movimento. A dança de salão na escola corrobora esses referidos objetivos educacionais, pois, atualmente, não se pode mais ignorar o papel social e cultural do corpo e da dança, especialmente a dança de salão, em nossa sociedade. Além disso, Gallahue e Donnelly (2008, p. 590) lembram que a dança "é a única forma de movimento que vai ao encontro da necessidade inata da criança de expressar seus pensamentos, sentimentos e ideias através do movimento".

De maneira mais ampla, oportunidades podem ser proporcionadas para que o aluno desenvolva todos os seus domínios, já que a dança é uma ferramenta incrível de aprendizagem, trazendo resultados nos diversos domínios (Gallahue e Donnelly, 2008). No domínio psicomotor, a dança, sobretudo, a de salão, pode melhorar os componentes relacionados à saúde, como a força e a resistência cardiovascular, desenvolver habilidades, favorecer a consciência corporal, o equilíbrio e a coordenação, aumentando também o vocabulário motor pessoal. No domínio cognitivo da aprendizagem, as crianças em idade escolar aprendem a solucionar problemas motores usando habilidades de pensamento, aumentam o vocabulário e seus conhecimentos por meio dos elementos e princípios da dança, bem como compreendem o histórico da dança e de outras culturas.

No domínio afetivo, por meio da expressão dos sentimentos pelo movimento, os alunos sintonizam-se melhor com seu eu interior e vivenciam movimentos opostos (como as ações básicas de movimentos: pressionar, flutuar, torcer, deslizar etc., propostos por Laban, 1978, 1990), que contribuem na definição dos sentimentos, bem como verbalizá-los. No domínio social, os alunos desenvolvem a cooperação por meio de atividades de parceria, compartilham ideias e espaço pelo contato físico positivo, unem-se uns aos outros, aprendem maneiras adequadas de toque pelo contato suave e distribuição do peso (na dança de salão, isso se verifica pela condução e pela manutenção da postura adequada). Desse modo, o professor, que é o propulsor dessa tarefa, sente total liberdade de diversificar a gama de conteúdos que ela proporciona. Por ser expressiva, o profissional de Educação Física teria grande facilidade de adequá-la às estruturas cognitivas e motoras daqueles que a ela estejam submetidos.

A dança de salão pode ser considerada conteúdo didático, e o movimento é seu principal objeto de ação. Para Laban (1990), seu papel na educação foi redescoberto apenas em épocas recentes. Entretanto, torna-se evidente que muitas pessoas e, especialmente, aquelas que frequentam os bancos escolares, ainda não aprenderam a apreciá-la como arte de movimento expressivo, pois a escola, segundo Oliveira (2004, p. 29), "é um dos poucos espaços sociais onde as habilidades *artístico-motoras* podem ser vivenciadas e exploradas". Muitas vezes, pais, alunos e professores não sabem ou se esquecem de que uma futura vida saudável depende muito da sua vivência na arte de se movimentar.

Oportunizar aos alunos experiências de movimentos pela arte de dançar a dois seria oferecer-lhes o complemento para entender melhor a arte, seu corpo e suas possibilidades (Oliveira, 2004), bem como obter uma melhor qualidade de vida. Ou seja, é submetê-los a atividades criativas que são, ao mesmo tempo, recreativas. Essa ideia está de acordo com Ossona (1988) quando afirma que o primeiro passo na educação de qualquer indivíduo deve ser uma dança educativa, criativa em seu processo de aprendizagem e recreativa, visto que a dança de salão em si não é criativa. Desse modo, sugere-se que a dança de salão, como conteúdo curricular, seja priorizada e vista como um dos importantes objetivos da Educação Física escolar.

Assim, o ensino da dança de salão na escola, desse modo, é um dos meios de desenvolver as capacidades de expressão de movimento e criatividade do corpo discente e levá-lo a adquirir experiências de relacionamentos, de enfrentamento do medo, de conquistas de confiança em si mesmo e nos outros. Para Gallahue e Donnelly (2008), pode-se dizer que a dança de salão é um poderoso instrumento para a educação, pois pode desenvolver a capacidade de expressão e cooperação, além de aceitar e valorizar a própria cultura e as diferenças individuais. Portanto, com base em Soares et al. (1992), é uma maneira de resgatar parte da cultura, que é a aprendizagem da técnica da dança de salão como modo de despertar a identidade sociocultural do aluno no projeto de construção da cidadania.

Silva e Schwartz (2000, p. 45), ao se referirem ao valor educacional da dança, contribuem para se afirmar que:

> a dança de salão está muito além da simples associação desta ao domínio técnico, tendo como elementos importantes a serem considerados a expressão, a sensibilidade, a criatividade, além do profissional atuante, cuja competência pode inferir e motivar a participação significativa.

Com base em Vargas (2005), entende-se técnica em dança de salão como a habilidade de se utilizar dos movimentos com eficácia, instrumentalizando o corpo com novos saberes e experiências para se expressar, ou seja, é a maneira de organizar e realizar os movimentos. Conforme Ávila, Araújo e Nunomura (2005), pode-se alcançar determinado objetivo de maneira eficiente. Ainda conforme Vargas (2005), a dança de salão pode estar presente tanto no processo de criação, quanto de aprendizagem de novas danças, tornando o corpo mais dançante.

Para Soares et al. (1992), na dança, as possibilidades expressivas de cada aluno são determinantes, exigindo habilidades corporais possíveis de serem obtidas com o treinamento, o que ocorre também na dança de salão. De certa maneira, deve-se decidir entre ensinar gestos e movimentos técnicos, o que pode prejudicar a expressão espontânea, imprimindo no aluno um pensamento/sentido/intuitivo, favorecendo o surgimento da expressão natural e espontânea da dança, e abandonando a formação técnica necessária à expressão correta.

Pode-se oferecer uma educação adequada por meio da dança de salão, respeitando a individualidade das pessoas, sua própria cultura e maneira de se expressar, favorecendo o desenvolvimento integral e harmônico do seu corpo. Segundo Volp, Deutsch e Schwartz. (1995, p. 52), "dentre os vários tipos de dança, a dança de salão é uma atividade cuja complexidade pode se adaptar às habilidades individuais, é acessível a qualquer sexo e faixa etária", podendo proporcionar situações de experiências enriquecedoras.

Esse é um dos motivos do porquê esse estilo de dançar a dois ser visto por educadores como um conteúdo a ser integrado a programas de educação, não só para que as pessoas tenham oportunidade de praticá-la, mas por ser uma atividade histórica, de cunho social e cultural, cuja expressão se faz pelos movimentos corporais e pela relação e integração com o outro. Desse modo, a dança de salão pode ser vista como um fator social e elemento de educação, para desenvolvimento físico e interações sociais (Fornaciari, 1968).

O espírito criativo e o desenvolvimento da sensibilidade também acontecem à medida que a dança de salão sociabiliza as pessoas de maneira prazerosa, favorecendo o ensino-aprendizagem em grupo e deixando-as em total expansão do desenvolvimento emocional, da solidariedade e da camaradagem, o que lhes transmite interesses e valores com base no contexto sociocultural e educacional.

A dança de salão é, portanto, uma modalidade cultural que coloca o indivíduo em situações lúdicas nas quais seus movimentos representam, muitas vezes, experiências já vividas ou novas, graças ao poder criativo estimulado pelo próprio conjunto de movimentos corporais que a dança promove, utilizando seu corpo como instrumento de comunicação e autoexpressão (Gallahue e Donnelly, 2008). As músicas atuam como elementos coadjuvantes do processo de ensino-aprendizagem.

Esse poder criativo deixa seus protagonistas em total liberdade de pensamento, de aquisição de novos movimentos dançantes e de modificação de situações que esses mesmos movimentos oportunizam. Portanto, negar a dança de salão como uma atividade educativa é negar a necessidade de ampliar os conteúdos da educação, principalmente no âmbito da Educação Física Escolar, já que esta procura educar o indivíduo pelo movimento corporal. De acordo com Volp (1994, p. 2), "educar pela arte da dança não é tarefa simples, tampouco impossível"; porém, seu valor e seus objetivos educacionais devem ser mantidos em foco.

De acordo com Verderi (2000), embora não haja certeza do paradigma teórico a ser seguido no contexto escolar pelo fato de se estar engajado em uma produção de conhecimentos muito diversificada, é conveniente a adoção de uma proposta que considere o educando de modo integral. Tal proposta está relacionada à preocupação do aluno em se movimentar, no que ele pensa, no modo como age e sente e, ainda, nas chances dele explorar suas possibilidades por meio das práticas educativas, de maneira que possibilite a liberação das emoções e o prazer da participação.

Considerando os apontamentos de Volp, Deutsch e Schwartz (1995), Valentini e Toigo (2006), o equilíbrio entre os desafios, ou mesmo a possibilidade de regular os níveis de desafio que a atividade proporciona, e as habilidades do indivíduo traz a satisfação e a motivação pela participação em uma atividade. Dessa maneira, para Verderi (2000), oferta-se ao educando condições para experimentar o novo e, por meio de suas experiências, perceber o que seu corpo é capaz de fazer. Desse instante em diante, podem-se desenvolver todas as suas potencialidades. Nesse sentido, é importante salientar que a dança de salão, na perspectiva abordada neste livro, não tem a função de atuar apenas sobre o desenvolvimento motor dos educandos, mas, também, de ser um agente de transformação nas dimensões psicológica, afetiva, social e cultural.

Para tanto, torna-se necessário que se entenda a dança de salão como disciplina relacionada à área da Educação Física, já que esta é responsável, na escola, por tratar o conhecimento expressivo do ser humano como meio de educá-lo de maneira global. Para Verderi (2000), a Educação Física, enquanto área do conhecimento humano e promotora da educação motora, deve ser alavancada.

Portanto, não se deve excluir, do corpo de conhecimento da Educação Física, as novas propostas pedagógicas que dizem respeito à contextualização sociocultural e educativa dos membros da nossa sociedade. O desafio que se impõe é fazer que essa disciplina se torne presente nas propostas pedagógicas das escolas e no fazer docente. Assim, torna-se significativo e importante contextualizar a dança de salão como Educação Física Escolar.

A dança de salão como Educação Física Escolar

Sabe-se que a Educação Física considerada componente curricular (LDB nº 9.394/96) existe em razão dos seres humanos, que, por serem agentes individuais e sociais, apresentam uma predisposição quanto às tarefas escolares, sejam elas relacionadas ao desenvolvimento mais específico das faculdades mentais, sejam vinculadas ao desenvolvimento das expressões corporais pelo movimento corporal e por ele. Sendo assim, pode-se afirmar, segundo Lavoura, Botura e Darido (2006, p. 203), que

> a educação física é uma área de conhecimento que tem como objeto de estudo o ser humano compreendido através do movimentar-se, ou seja, do ser humano que se movimenta intencionalmente, como forma de manifestação no mundo e diálogo com este.

A Educação Física Escolar, considerada prática pedagógica, deve fazer parte das disciplinas que formam o arcabouço dos conteúdos dos diferentes currículos das escolas brasileiras. Soares et al. (1992, p. 50) enfatizam que essa disciplina no "âmbito escolar, tematiza formas de atividades expressivas, aparecendo a dança juntamente com o jogo, o esporte e a ginástica". Para Gallahue e Donnelly (2008), um programa bem equilibrado de Educação Física elementar deve oferecer várias oportunidades para as crianças se expressarem por meio da dança. Segundo Campeiz e Volp (2004), deve-se considerar o equilíbrio entre as capacidades pessoais e os desafios.

Entretanto, considerando Volp (1994), não se deve esquecer que historicamente o conteúdo da dança foi, muitas vezes, restrito às festas e comemorações ou atividades extracurriculares. Conforme acrescenta Brasileiro (2002-2003), isso ocorreu para manter-se a tradição ou, principalmente, em razão da hegemonia dos outros conteúdos. Porém, a dança deve ser valorizada por ter um conhecimento próprio e uma linguagem expressiva específica, que pode contribuir bastante para a Educação Física, e seu valor deve ser estimado.

A dança de salão está diretamente vinculada ao desenvolvimento das habilidades motoras e à cultura corporal de movimentos dos educandos. Portanto, Soares et al. (1992) definem atividades de movimentos corporais expressivos como cultura corporal e acrescentam que seu estudo visa aprender a expressão corporal como linguagem, que é extremamente importante para a formação de uma educação permanente do ser humano.

Nanni (2003) afirma que a expressão corporal pode ser desenvolvida por meio da dança e, desse modo, passaria a representar diversos aspectos da existência do ser humano. Como exemplo, Laban (1990) aponta que a criança tem um impulso natural para descarregar energias e se exercitar, o que a introduz no mundo do fluxo de movimento e reforça suas faculdades naturais de expressão, mesmo que de maneira inconsciente. Para Vargas (2005), é por meio do movimento que se aprende a se relacionar com o mundo exterior e, pelos estímulos externos, reagir e manifestar os impulsos interiores.

Entendendo ainda que os instrumentos da Educação Física seriam a ginástica, o jogo, o esporte e a dança, Oliveira (2006) destaca que a referida área de conhecimento pedagógico existe em virtude do homem enquanto ser individual e social, e o compromisso dela é estudar esse homem em movimento. Fornaciari (1968, p. 4) afirma que

> não é exagero acrescentar que deveria ser cultivada a dança de salão nos estabelecimentos de ensino, ao lado da Educação Física, considerando que ela desenvolve também as capacidades físicas e sociais.

Desse modo, com base em Soares et al. (1992), é importante considerar a dança uma expressão representativa de diversos aspectos da vida humana. Também se pode considerá-la

> linguagem social que possibilita a transmissão de sentimentos, emoções da afetividade vivida nas esferas da religiosidade, do trabalho, dos costumes, hábitos, da saúde etc. (Soares, 1992, p. 82).

Uma vez que a dança de salão também é uma forma de expressão, precisa ser observada nessa perspectiva.

Essas possibilidades expressivas são, para esses autores, determinantes na vida de cada aluno, pois transformam-se em habilidades corporais e específicas que, necessariamente, obtêm-se mediante os diferentes métodos utilizados pelos professores da temática, que devem estimular o ensino-aprendizagem pela prática sistematizada. Segundo Brasileiro (2002-2003), apenas recentemente a dança veio inserir-se como conteúdo e prática sistematizada nas escolas, fazendo refletir sua posição como conhecimento a ser tratado nas escolas. Nanni (2003) esclarece que o professor é capaz, por meio da dança, de proporcionar a seus alunos inserção no processo de elaboração cultural, e isso também é possível com a dança de salão.

De acordo com Bregolato (2000), a dança de salão deve ser explorada e valorizada pela Educação Física, e a escola não poderia deixar de utilizar esse conteúdo significativo para complemento do universo de ritmos e movimentos ainda pouco explorados formalmente e, talvez, de pouco conhecimento dos alunos. Do ponto de vista de Nanni (2003), é um conteúdo visto pelas crianças em idade escolar e adolescentes como uma atividade física e, também, como uma atividade prazerosa, que pode estar presente em vários de seus momentos de lazer e recreação.

Para Oliveira (2004), o ensino da dança de modo geral na escola, e, também, da dança de salão por meio da Educação Física, deve proporcionar ainda a oportunidade de vivenciar movimentos expressivos. Sendo assim, de acordo com Volp (1994), o professor pode ensinar uma técnica adequada, procurando por um procedimento que permita complementar o impulso natural da criança e ampliar seu raio de ação. Laban (1990) aponta que a meta ou o objetivo da dança nas escolas é eliminar frustrações e reforçar faculdades naturais de expressão, que se pode chamar de imersão no fluxo do movimento, proporcionando satisfação e prazer e permitindo equilíbrio dos movimentos com as habilidades dos aprendizes.

Entretanto Oliveira (2004), ao desenvolver sua proposta pedagógica para a Educação Física Escolar, sugere classificar os conteúdos dessa disciplina como núcleos de concentração, estruturando-os como: (a) o movimento em construção e estruturação; (b) o movimento nas manifestações lúdicas e esportivas; (c) o movimento em expressão e ritmo; e (d) o movimento e a saúde. Segundo o autor, os conteúdos ligados ao núcleo do movimento em expressão e ritmo são bastante aceitos na fase escolar inicial. Por esse motivo, é necessário explorar ao máximo a predisposição dos alunos em participar de atividades expressivas e dançantes, permitindo ampliar suas capacidades coordenativas e rítmicas, o que contribui para a formação de estruturas motoras mais complexas. Sendo assim, no ensino fundamental I, os movimentos básicos devem ser vivenciados e ampliados em intensidade e complexidade, especialmente por formas mais estruturadas e organizadas de dança, o que proporciona uma sólida fundamentação no repertório motor básico. Entre os conteúdos desse núcleo, a dança de salão pode fazer parte.

Portanto, a dança de salão como parte da Educação Física na escola não representa um mero instrumento de condicionamento físico, mas deve ser uma dinâmica de alteração de valores históricos, sociais e culturais relativos ao desenvolvimento das potencialidades humanas. Como enfatiza Bregolato (2000), uma atividade como essa, além de aproximar os alunos, pode colaborar para diminuir preconceitos, especialmente em relação ao sexo masculino, de acordo com Brasileiro (2002-2003). Conforme Bregolato (2000), a dança de salão proporciona efeitos positivos na socialização, postura, leveza, coordenação, percepção espaço-temporal, além de melhorar o equilíbrio (Maia e Sonoo, 2004), agilidade (Maia et al., 2007) e o autoconceito (Maia e Sonoo, 2005).

A dança de salão na escola, como componente da Educação Física, deve ser considerada, por um lado, prática pedagógica que atua no desenvolvimento motor e cognitivo de seus educandos e, por outro lado, conhecimento histórico-cultural, pois seus diferentes estilos têm histórias que fazem parte da cultura da nossa sociedade e devem ser transmitidas aos alunos por meio de seus movimentos e da música que lhes dá ritmo.

Os objetivos da dança de salão na escola e na Educação Física devem ser, assim, criar condições para que os educandos se tornem sujeitos de sua própria história, conscientes de tudo que os cercam, de modo que cresça, de maneira significativa, seus potenciais culturais expressivos. Segundo Brasileiro (2002-2003), deve-se desenvolver um ser humano comprometido com sua história, crítico do contexto que o cerca e reflexivo sobre a realidade em que vive, agindo sobre ela de modo coerente na tentativa de superar os condicionamentos inerentes à sociedade.

Laban (1990) explica que é plausível levar em consideração o tema do ensino da dança na escola. Porém, o modo como proceder é a questão mais importante. Além disso, como desenvolver o interesse e a motivação das crianças para a dança? Qual o melhor método? Qual o estilo de dança mais adequado?

Mediante as ideias de Marques (2007), elaboradas para a dança de um modo geral, é possível trazer tais questionamentos e problemáticas para o ensino da dança de salão na escola: como não cair no conservadorismo do ensino da dança de salão? Como garantir a diferença e a heterogeneidade do aluno no ensino da dança de salão? Como não perpetuar valores e conceitos imobilizados de corpo, indivíduo, dança e convivência social por meio do ensino da dança de salão?

Com base na autora, afirma-se que: "não há receitas" para o "como se faz" e não estaria sendo coerente se a busca fosse prescrever metodologias e procedimentos que pudessem ser aplicadas na prática. Para ela, o importante é que o papel da aula seja o de transformar os alunos em melhores pensadores de arte, consumidores, espectadores, almas. (Marques, 2007, p. 36)

O que se pretende com a dança nas escolas, conforme Laban (1990), não é a perfeição, a criação e a execução de danças sensacionais, mas os benefícios que tal atividade criativa pode ter sobre o aluno. Nesse sentido, o autor propõe três tarefas importantes para a escola ao tratar do ensino da dança: a primeira, cultivar e concentrar esse impulso e levar crianças de grupos mais velhos a ter consciência de alguns dos princípios que governam o movimento. A segunda seria preservar a espontaneidade do movimento e incentivar a mantê-la viva por toda a vida futura. A terceira seria fomentar e promover o desenvolvimento das habilidades motoras e a expressão artística no âmbito da arte primária do movimento dançante. Para tanto, a ajuda na expressão criativa deve ser estimulada pela oferta de danças adequadas aos dons naturais e aos níveis de desenvolvimento dos alunos. Tais considerações também são pertinentes ao ensino da dança de salão na escola.

Para melhor entender como se configuram os diferentes níveis de desenvolvimento dos alunos, torna-se necessária uma pequena abordagem sobre a relação da dança de salão com o desenvolvimento motor, uma vez que esse estudo toma essa direção com base na coleta de dados em escola pública.

A dança de salão e sua relação com o desenvolvimento motor

A dança de salão, atuando no desenvolvimento motor das crianças por meio da Educação Física Escolar, diz respeito à influência que exerce nas transformações positivas das habilidades motoras dos educandos, que Haywood e Getchell (2004) definem como um processo contínuo de mudanças na capacidade funcional do indivíduo. Para esses autores, os seres vivos estão em mudança contínua nas suas ações motoras, e o que diferencia uns dos outros é a quantidade e a frequência com que isso ocorre, que pode ser qualitativa ou quantitativamente observável.

Gallahue e Ozmun (2003) também definem o desenvolvimento motor como uma alteração contínua no próprio comportamento motor. Segundo Caetano, Silveira e Gobbi (2005), adquire-se uma capacidade maior de controlar os movimentos realizados pela interação entre as necessidades da tarefa, a biologia do indivíduo e as condições do ambiente. Isso ocorre durante todo o ciclo da vida, havendo relação direta com o fator tempo. Ao se tratar de uma tarefa como a dança de salão, observa-se que o educando tem grande facilidade de interação com a prática, não precisando, efetivamente, possuir determinado biotipo para tal finalidade, mas o ambiente deve oferecer condições mínimas para que ele possa vivenciar os movimentos dançantes harmoniosamente. Portanto, como lembram Ávila, Araújo e Nunomura (2005), compreender o processo de desenvolvimento motor torna-se um ponto de partida fundamental para uma prática interventiva mais adequada mediante as aulas de Educação Física Escolar.

De acordo com Haywood e Getchell (2004) e Valentini e Toigo (2006), o desenvolvimento motor é uma mudança em sequências previsíveis, resultado de interações do próprio indivíduo com o ambiente. Esse processo não avança na mesma proporção, mas um passo leva ao outro, de maneira ordenada e não reversível. Isso é resultado dos aspectos físico, cognitivo, social e psicológico. Todo esse processo é traduzido em um acervo de conhecimento para a criança e um acúmulo de habilidades motoras importantes para a resolução das suas tarefas diárias.

Manoel (1999), Caetano, Silveira e Gobbi (2005) e Ulrich (2007) dizem que o comportamento motor refere-se a mudanças em classes gerais, como locomoção, estabilidade e manipulação, que estão vinculadas ao próprio comportamento motor. Do ponto de vista desses autores, isso poderia levar meses, anos ou até mesmo décadas, o que dependeria do histórico de vida de cada pessoa. Observa-se, pelas características específicas da dança de salão, que ela atua diretamente na locomoção dos seus praticantes, uma vez que, para dançar, é preciso se locomover e, para tanto, torna-se necessário encontrar estabilidade para entrar em harmonia com os diferentes tipos de manipulação que são necessários para a interação com o parceiro, exigindo, portanto, um amplo repertório motor.

Uma das características do desenvolvimento motor na infância é a aquisição de um amplo repertório de habilidades motoras. Habilidade motora pode ser definida como aquela que exige movimentos voluntários com a finalidade de atingir um objetivo; além disso, tem como característica coordenar vários músculos e articulações (Magill, 2000). Segundo Gallahue e Donnelly (2008, p. 52), "uma habilidade motora fundamental é uma série organizada de movimentos básicos" que podem ser caracterizados como movimentos de locomoção, manipulação e equilíbrio.

As habilidades motoras fundamentais são a base para esportes avançados, para a própria dança de modo geral e para as atividades de movimento que sirvam durante toda a vida (Valentini e Rudisill, 2004). Elas devem possibilitar aos alunos a obtenção de um grande domínio de seu corpo em diferentes posições estáticas e dinâmicas, bem como possibilitar a manipulação com tranquilidade de situações diferenciadas, seja com objetos ou com os próprios segmentos corporais, ou, ainda, com os de outra pessoa, como é o caso de duas crianças quando dançam entrelaçadas. Essas habilidades devem ser requisitadas em casa e, principalmente, na escola. Elas devem servir aos escolares para a resolução das tarefas do dia a dia, sejam lúdicas ou não, para aquisição de habilidades especializadas, que podem ser relacionadas à dimensão artística, cultural, ocupacional, esportiva e educacional (Santos, Dantas e Oliveira, 2004).

Gallahue e Ozmun (2003) e Gallahue e Donnelly (2008) dividem o desenvolvimento motor em quatro fases distintas, sendo a primeira fase motora reflexiva; a segunda fase de movimentos rudimentares; a terceira fase de movimentos fundamentais; e a quarta fase de movimentos especializados, a qual compreende estágios de transição, de aplicação e de utilização permanente, resultante da fase de movimentos fundamentais em que as habilidades são combinadas, refinadas e elaboradas para situações mais complexas e manipulativas.

As habilidades motoras especializadas são combinações de habilidades fundamentais aplicadas na realização de atividades específicas, como os esportes e a própria dança de salão (Gallahue e Donnelly, 2008). Segundo Gallahue (2005), há três estágios na fase especializada, que frequentemente se sobrepõe ao acesso aos estágios e depende de fatores cognitivos, afetivos e neuromusculares do sujeito. Os fatores específicos na biologia do indivíduo, no movimento e as condições ambientais estimulam o movimento de um estágio para outro. É na fase de movimentos especializados no estágio transitório (ou estágio de transição – aprender a treinar) que se encontram as crianças na faixa dos 7 aos 10 anos, a partir da qual começa o próximo estágio (Gallahue e Ozmun, 2003; Gallahue, 2005; Gallahue e Donnelly, 2008).

Essa fase, segundo os autores, consiste na combinação e aplicação das habilidades motoras fundamentais em formas mais específicas e complexas, como aquelas necessárias à dança de salão, que se utiliza de várias formas diferentes de andar, exige equilíbrio constante na manutenção da postura, deslocamentos em diferentes direções (inclusive de costas) e necessita de manipulação por meio da condução de diferentes parceiros na turma. Nesse estágio, o objetivo dos pais e professores deve ser ajudar as crianças a aumentar o controle de seus movimentos e a competência motora, pois, sem instrução, prática e incentivo, muitas crianças poderão executar uma habilidade com determinado nível de proficiência, mas não adquirir padrões avançados. Esse período é marcado por maior precisão e controle, além de interesse generalizado por quase todas as atividades (Valentini e Rudisill, 2004a e Valentini e Petersen, 2008).

O desenvolvimento motor, estudado como um processo na vida dos alunos em idade escolar, deve levar em consideração as atividades que influenciam o desempenho das habilidades motoras, sejam elas de cunho biológico, ambiental ou ocupacional. Segundo Fonseca, Beltrame e Tkac (2008), é importante possibilitar aos educandos a participação em atividades físicas que sejam significativas e estimulantes para eles, conforme apontam Valentini e Toigo (2006), fortalecendo o sucesso escolar e a motivação em aprender. A dança de salão é, portanto, uma das atividades no âmbito da Educação Física Escolar que poderia contribuir significativamente nessa direção. Percebe-se que as características do desenvolvimento motor necessitam do objeto de estudo da Educação Física Escolar, que é o movimento. Sendo assim, a dança de salão corrobora com o conteúdo da Educação Física e pode contribuir significativamente para as fases do desenvolvimento motor das crianças em idade escolar.

Percebe-se até este momento, com base em Isayama e Gallardo (1998), Gallahue e Ozmun (2003), que o desenvolvimento motor pode ser estudado como processo, cujo foco é o desempenho (resultado de um movimento específico), e também como produto, cujo foco são os mecanismos de mudança (por que e como o movimento ocorre), principalmente por ser considerado descritivo ou normativo ao ser analisado em suas diversas fases.

Com o propósito de mostrar a atuação significativa e objetiva da dança de salão como modelo que se caracteriza por utilizar a expressão de movimento corporal, enfatiza-se que ela proporciona experiências motoras de natureza progressiva, organizada, algumas vezes dependentes umas das outras e, outras vezes, independentes entre si. Portanto, enquadra-se nos padrões do desenvolvimento motor ao respeitar as diferentes etapas de amadurecimento das crianças.

Segundo Haywood e Getchell (2004), torna-se importante um modelo que auxilie na observação de todos os fatores relevantes do comportamento motor, especialmente pela complexidade das habilidades motoras e como elas se modificam durante a vida. Assim, a dança de salão, ao servir como modelo alternativo para o professor de Educação Física Escolar, pode contribuir para que ele obtenha um perfil adequado dos seus alunos e servir como um meio de eles encontrarem o prazer naquilo que estão praticando.

Ao observar o modelo de restrições de Newell (1986), enfatiza-se que os movimentos da dança de salão, no contexto escolar, surgem das interações do indivíduo com a tarefa por meio de sua prática e com a relação direta e indireta que tem com o professor responsável pela transmissão do conhecimento dançante. As mudanças no comportamento motor ocorrem direcionadas pelas restrições individuais, pelas experiências do indivíduo (restrições do contexto) e pela complexidade e especificidade das atividades vividas (Haywood e Getchell, 2004 e Souza, Berleze e Valentini, 2008). Dessa maneira, é possível observar as diferenças no desenvolvimento e no comportamento motor das crianças e as alterações no processo (forma) e no produto (desempenho), como definem Gallahue e Ozmun (2003).

A dança de salão pode ser praticada nas aulas de Educação Física Escolar como um processo dinâmico de ensino-aprendizagem, mas sempre com o objetivo de contribuir para o desenvolvimento motor dos alunos de forma prazerosa por acompanhar e possibilitar as constantes mudanças dos alunos em relação à idade e aos níveis de assimilação dos conteúdos ministrados. Além disso, ela pode oportunizar a constante e diferente interação com o ambiente de sua prática e a tarefa, por meio dos movimentos dançantes praticados, já que os conteúdos podem ser classificados nos níveis *iniciante*, *intermediário* e *avançado*.

Segundo Gallahue e Ozmun (2003), uma vez que o desenvolvimento motor é dinâmico e o indivíduo passa por constantes mudanças em relação à idade, ocorrerá constantemente uma diferente interação com o ambiente e a tarefa, e o movimento resultante dessa interação sofre alterações, que poderão ser ainda maiores se o professor mudar também o ambiente, a tarefa ou ambos. Isso significa que os processos de mudanças e as novas assimilações tornam-se importantes na consolidação da educação e formação corporal das crianças, contribuindo para que não tenham privações em seus movimentos.

Para Valentini e Petersen (2008), restrições são entendidas como as características ou fronteiras que limitam o movimento. As restrições proporcionam a organização do sistema de ação, visando a um desempenho habilidoso, já que o ser humano possui enormes possibilidades de ação. Essas restrições podem ser relacionadas principalmente ao próprio indivíduo, ao ambiente e às tarefas executadas.

De acordo com Newell (1986), deve-se respeitar a interação desses três fatores quando se deseja oferecer um ótimo desenvolvimento motor às crianças em idade escolar. Além disso, é importante considerar a individualidade biológica de cada uma delas. Para o autor, o desenvolvimento da coordenação emerge durante a infância como consequência de restrições impostas na ação. Dessa forma, o ser humano interpreta cada restrição de maneira diferente, o que, por sua vez, leva o indivíduo a desenvolver diferentes padrões de coordenação ótima para o mesmo conjunto de restrições e para a tarefa proposta. Ávila, Araújo e Nunomura (2005) acrescentam que a relação entre restrição e liberdade favorece, ao aluno, o desenvolvimento de suas potencialidades em direção a estados mais complexos de organização. Como exemplo de restrição, há a técnica da dança de salão, que, embora seja a maneira de alcançar de forma eficiente uma meta, deve ajustar-se às características individuais dos alunos. Outra restrição seria o fato de se dançar com diferentes parceiros, pois cada dançarino tem especificidades em sua dança, em seu corpo e na maneira de conduzir/acompanhar, que exigem constantes adaptações um ao outro, especialmente a dama.

Valentini e Petersen (2008) enfatizam que, ao mesmo tempo em que as restrições (do indivíduo, do ambiente e da tarefa) limitam e desencorajam o movimento, também permitem ou encorajam o movimento pela canalização do comportamento motor, ou seja, influenciam o padrão de movimento e dão formato particular ao movimento a ser adotado pelo sujeito. Para Newell (1986, p. 342),

> entender o significado das restrições para a ação abre as portas para pensar sobre a aquisição da coordenação como um problema teórico geral, independentemente do tipo de atividade e estágio de desenvolvimento do indivíduo.

Sendo assim, uma vez que as restrições e interações se alteram ao longo do processo de desenvolvimento, o indivíduo aprenderá a utilizar padrões de movimento que aperfeiçoarão seu desempenho (Valentini e Petersen, 2008).

Como se pode perceber, vários são os fatores que podem influenciar no desenvolvimento motor dos alunos, dependendo das oportunidades e das atividades oferecidas. No caso do ensino-aprendizagem da dança de salão, levando em consideração que ela pode ser entendida como arte de dançar a dois, ele se constitui, assim, de um elemento pedagógico de fundamental importância para a melhoria da coordenação geral, do tempo de reação, da percepção espaço-temporal e do equilíbrio. De acordo com Gallahue e Ozmun (2003), o grau de respostas para cada um desses fatores depende da estrutura corporal, da altura e do peso do indivíduo, bem como do estado mental e emocional em que ele se encontra.

A dança de salão, tratada como conteúdo de Educação Física Escolar, leva os educandos e o ambiente a se modificarem reciprocamente. De acordo com Monteiro (2006), isso acontece em uma relação dinâmica, que envolve as dimensões físicas e psicológicas, fazendo que o educador passe a entender melhor como se processa o desenvolvimento motor e a aprendizagem de seus alunos.

Para Gallahue e Ozmun (2003), compreender o desenvolvimento motor também ajuda a entender a aprendizagem. Assim como o desenvolvimento motor, a aprendizagem representa um processo que continua por toda a vida do ser humano. Conforme Godinho et al. (1999), aprender é modificar o comportamento ao longo do tempo. Zacaron e Krebs (2006) definem a aprendizagem motora como uma alteração na capacidade do sujeito para desempenhar uma habilidade, e a aprendizagem reflete o nível da capacidade de *performance*, além de ser um processo interno.

Assim, a dança de salão pode ser oportunizada nas diferentes faixas etárias dos alunos, como se pode observar em estudos realizados por Volp (1994) e Maia e Pereira (2008a, 2008b). Ressalve-se que, para Manoel (1999), desenvolvimento e aprendizagem motora estão intimamente relacionados, sendo, portanto, difícil tratá-los de maneira isolada, ou seja, em uma só faixa etária.

Embora o desenvolvimento motor seja um processo contínuo e demorado, que ocorre em todas as faixas etárias da criança em idade escolar e prossegue ao longo de toda a vida, dedica-se neste livro uma atenção especial à faixa dos 8 aos 10 anos de idade, já que os dados da presente pesquisa estão direcionados para ela, por identificar que as experiências desse período poderão consolidar as habilidades dos períodos anteriores (Tani et al., 1988).

Assim, respeitando o princípio de que a idade cronológica apenas representa uma estimativa aproximada (Gallahue e Ozmun, 2003), a dança de salão deve oportunizar várias formas diferenciadas de andar e experimentar o equilíbrio estático e dinâmico com a constante manutenção da postura. Deve favorecer ainda o aprendizado de diversas formas de deslocamento em diferentes direções, além da manipulação adequada, utilizada para conduzir a pessoa com quem se está dançando.

A sequência de aquisições das habilidades motoras é determinada também pela fase em que se encontra o aluno. Essa forma maturacional deve aparecer em uma sequência previsível; porém, varia de criança para criança, dependendo de seus fatores biológicos, da tarefa e do meio ambiente. Sendo assim, pode-se estudar o grau de adaptação dos comportamentos dos alunos de um conjunto de condições para outro, como aquelas inexatas para as mais exatas. Segundo Tani et al. (1988, p. 2):

> se existe uma sequência normal nos processos de crescimento, de desenvolvimento e de aprendizagem motora, isso significa que as crianças necessitam ser orientadas de acordo com essas características, visto que só assim as suas reais necessidades e expectativas serão alcançadas.

Ao enfatizar a dança de salão como meio de aprendizagem, trata-se do processo em que a própria habilidade motora, ou seja, a dança propriamente dita, é conquistada com auxílio de sua prática sistemática, através das informações externas que servem também como instrução para a sua execução, além do *feedback* extrínseco ou aumentado, como assim designaram Manoel (1999), Gallahue e Ozmun (2003). Trata-se, portanto, de um processo de aprendizagem que, segundo Fitts e Posner (1967 apud Godinho et al., 1999), passa por três fases distintas: a cognitiva, a associativa e a autônoma, que podem ocorrer em minutos, horas, dias ou semanas.

Newell (2003) reforça que não há evidências convincentes disponíveis a respeito de períodos críticos na aquisição de habilidades motoras, embora a ideia siga no princípio da abordagem dinâmica para aprendizagem motora. A evolução e a dissolução de certas dinâmicas estáveis para tarefas devem ser mais ou menos alcançáveis em termos qualitativos e/ou podem variar na escala de tempo de realização. Uma proposta de trabalho com relação ao ensino da dança de salão na escola deve estar voltada para o oferecimento tanto de movimentos padrões como de novas formas de movimento aos alunos. A probabilidade de estas serem mais eficientes relaciona-se provavelmente aos alunos mais jovens. Isso ocorre, segundo o autor, em virtude da maior flexibilidade para a reorganização dos seus sistemas cognitivos, embora em todas as faixas etárias essa modalidade possa ser praticada.

Acredita-se, portanto, que oferecer a dança de salão para as crianças do ensino fundamental I poderá propiciar um momento adequado de desenvolver padrões ótimos de movimento, controle e coordenação motora. Para Bessa e Pereira (2002, p. 58), "a coordenação motora é uma estrutura psicomotora básica", desenvolvida pela estimulação psicomotora e concretizada pela maturação motora e neurológica da criança. Portanto, para esses autores, a infância é a etapa mais importante, havendo necessidade de garantir condições para o desenvolvimento motor e da coordenação motora.

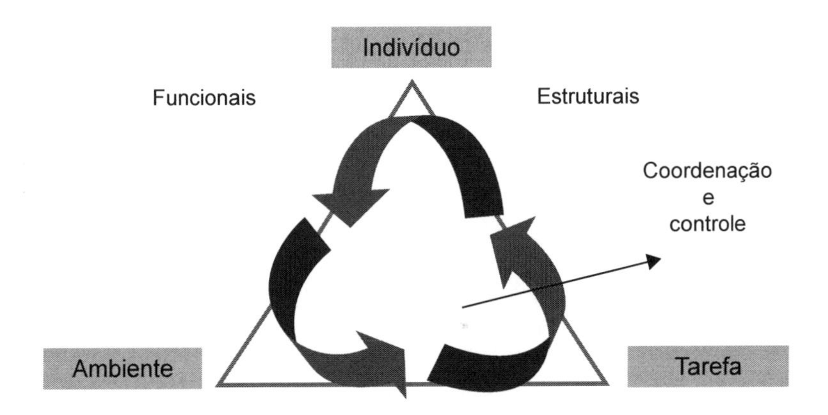

FIGURA 1.1 – Modelo de restrições de Newell (1986).
Fonte: Adaptado de Haywood e Getchell (2004).

Segundo Newell (1986, p. 341), "o estudo da coordenação é um dos mais importantes e fascinantes problemas no estudo de ambos, desenvolvimento e ação". Para esse autor, o que estabelece um padrão ótimo de coordenação motora é o controle da interação entre as restrições da tarefa, do organismo e do ambiente. Se mudar-se qualquer um desses três fatores, o movimento resultante também muda (Haywood e Getchell, 2004). A importância da coordenação na atividade física é mais aparente na infância, porque é durante esse período que muitos dos padrões básicos de postura e movimento aparecem.

Segundo Kiphard (1976) e Lopes e Maia (1997), a coordenação corporal é entendida como a interação econômica e harmoniosa entre os sistemas nervosos, sensoriais e musculoesqueléticos com a finalidade de produzir ações motoras equilibradas e precisas, além de reações rápidas adaptadas à situação. Para tal, exige: (a) medida de força adequada, que determine a velocidade e a amplitude do movimento; (b) seleção dos músculos adequados que influenciem a condução e a orientação do movimento; (c) capacidade de alternar entre tensão e relaxamento musculares rapidamente, ponto importante em toda a forma de adaptação motora.

De acordo com Gorla e Araújo (2007), o termo *coordenação* é, muitas vezes, usado como sinônimo ou confundido com outros termos, como *agilidade*, *controle motor*, *destreza* e *habilidade*. Porém, Kiphard (1976) afirma que o conceito de coordenação é definido como uma interação econômica e harmoniosa senso-neuro-muscular, cujo objetivo final é produzir movimentos voluntários (ações cinéticas) precisos, equilibrados e com reações rápidas e adaptadas à situação (movimentos reflexos). Teixeira (2006) complementa essa afirmação citando que a tarefa de coordenação em um ato motor necessita do controle dos segmentos corporais de maneira integrada, com o objetivo de produzir um padrão de movimento específico.

Segundo Holle (1979), para que um movimento seja bem coordenado, há necessidade de uma estreita relação entre as funções musculares e sensoriais, ou seja, desde que as contrações musculares sejam realizadas com a quantidade de força necessária no momento certo e durante o período de tempo necessário, o movimento será fácil, desenvolto e proposital. Coordenação é sinônimo de automatização de tipos específicos de padrões de movimentos, portanto, a boa coordenação não é inata, mas se desenvolve em conjunto com a maturação do sistema nervoso central e é auxiliada pelo sentido cinestésico, do tato e da visão e, do mesmo modo, pela experiência. Por isso, quanto mais movimento se aprende, mais fácil será aprender novos movimentos semelhantes.

Pereira (1990), Gorla e Araújo (2007, p. 53) afirmam que essa sequência natural (de desenvolvimento)

> sofrerá a influência do meio e particularmente das escolas, que, a partir da oferta de atividades motoras, pode permitir a execução coordenada dos movimentos do ser humano, que possibilitará a execução com economia e harmonização.

Portanto, para Valentini e Petersen (2008), a variedade de movimentos locomotores (diferentes formas e combinações no andar) poderá contribuir para o desenvolvimento do desempenho coordenado. Como exemplo, há os movimentos existentes nos diferentes estilos de dança de salão (merengue, forró, soltinho e samba), com diferentes variações de andamentos rítmicos (lento, moderado ou rápido).

A dança de salão e sua relação com a percepção de competência

Pessoas que percebem a si próprios como altamente competentes nos domínios físico, cognitivo ou afetivo-social são mais motivadas intrinsecamente para os desafios propostos e para manifestar esforço e permanecer engajadas ativamente nas atividades em que se envolvem (Valentini e Toigo, 2006). Sendo assim, um dos fatores que podem influenciar a participação dos alunos em uma atividade como a dança de salão é sentir-se competente e motivado para tal, o que tem grande importância no processo de aprendizagem (Harter, 1981 e Godinho et a., 1999). Dessa maneira, é importante adequar um programa de ensino-aprendizagem em dança de salão, proporcionando desafios moderados ou ajustáveis aos aprendizes, favorecendo a tendência natural para adquirir competência e motivação a fim de permanecer mais tempo na tarefa.

Conforme Ávila, Araújo e Nunomura (2005), os sentimentos de realização e de progresso relacionam-se diretamente à manutenção da motivação para continuar em uma determinada atividade, como a dança de salão. Já a repetição de insucessos acaba contribuindo para que a criança se afaste da atividade. Por isso, segundo Godinho et al. (1999), é importante orientar e estimular o aluno a definir metas realistas, pois grandes dificuldades ou objetivos fáceis demais provocam a perda da motivação. Como concordam Volp (1994) e Valentini e Toigo (2006), o professor tem o papel de orientar os alunos nas tarefas que eles realizam, adequando os níveis de desafios que eles desejam enfrentar. Segundo Villwock e Valentini (2007), a oportunidade de participar de programas como o de iniciação em dança de salão, proposto neste livro, que propiciem desafios na exploração de movimentos, garante a persistência em atividades motoras e a competência considerada adequada, ou seja, quanto mais o sujeito realizar uma atividade de forma diversificada, mais competente se tornará.

Segundo Burgess, Grogan e Burwitz (2006), a percepção que a pessoa tem sobre sua competência física, ou seja, a crença na capacidade e na habilidade em um domínio específico, demonstra ser um fator importante e consistente que antecipa a participação, o esforço e o interesse por longo período em determinada atividade física, como no caso da dança de salão. Isso influencia de maneira definitiva sua motivação futura em tarefas semelhantes (Valentini e Toigo, 2006), ou seja, as características da tarefa devem ser adequadas às características de quem aprende (Godinho et al., 1999). Assim, a avaliação pessoal do aluno torna-se um importante instrumento para motivá-lo a participar e engajar-se em atividades físicas. Um exemplo é o inventário de eficiência pessoal sugerido por Valentini e Toigo (2006) e utilizado para a dança de salão em estudos como o de Maia e Pereira (2008a, 2008b) e Maia et al. (2008), no qual se verificou que a maioria das crianças de 6º e 7º anos sentem-se competentes para realizar uma atividade como a dança de salão, especialmente os mais jovens e as meninas, e estes percebem-se mais motivados intrinsecamente, uma vez que as percepções são diferentes em relação às idades (Vieira, Vieira e Krebs, 1997).

A teoria da motivação competente de Harter (1978), citada também por Burgess, Grogan e Burwitz (2006), estabelece que a competência percebida é um fator de motivação primária, sublinhando a participação voluntária em qualquer esporte ou atividade física. Junto a essa teoria, segundo Fiorese (1993), está a importância do desejo de mostrar competência, e o envolvimento se dá pela experiência da diversão e do prazer. De acordo com Harter (1980) e Burgess, Grogan e Burwitz (2006), percepções de competência são associadas ao sucesso do desempenho e são determinantes na subsequente motivação para a participação, ou seja, indivíduos que se autopercebem competentes em uma atividade particular têm mais tendência a continuar se esforçando que aqueles que têm baixa percepção de competência. Sendo assim, com base em Vieira, Vieira e Krebs (1997), crianças que se sentirem competentes para se engajar numa atividade como a dança de salão e vivenciar prazer e diversão podem se envolver na atividade, ser eficazes e proporcionar suas próprias recompensas afetivas. Além disso, os autores complementam dizendo que, pelo fato de estarem na faixa de 5-6 até 12-14 anos, poderão internalizar e incorporar padrões de competência para a modalidade aqui estudada.

Segundo Gallahue (2005, p. 202):

> as experiências orientadas para o sucesso e as oportunidades de receber incentivo e reconhecimento tendem a reforçar positivamente a visão de aprendizagem de cada um. Tornando divertida a aprendizagem de novas habilidades de movimento [...], promovemos a motivação intrínseca no indivíduo, com o objetivo de maximizar a motivação para a participação, adesão e o sucesso.

Dessa maneira, o objetivo de um programa de ensino-aprendizagem em dança de salão deverá ser estimular a vontade de aprender em cada pessoa. As atividades motivantes são as que otimizam os níveis de desafios. Não podem ser tão difíceis que impossibilitem a prática ou gerem ansiedade ou sentimento de incompetência

(Valentini, 2006), nem tão fáceis que levem ao aborrecimento e ao tédio (Volp, Deutsch e Schwarts, 1995). Para Volp, Deutsch e Schwarts (1995), a dança de salão é uma atividade que pode se ajustar facilmente aos diferentes níveis de habilidades, gênero e faixa etária dos praticantes.

A prática de movimentos dançantes em níveis moderados ou vigorosos é importante durante a infância escolar para garantir a participação futura em atividades de movimentos que enriqueçam a qualidade de vida. Observa-se a prática intensa quando há o domínio de habilidades motoras fundamentais, ou seja, quando as crianças conquistam certo nível de competência para se engajar com sucesso (entendido como participação efetiva na atividade) em habilidades esportivas específicas, bem como para a especialização de habilidades motoras como a dança de salão. Enfatizar no ambiente de ensino o interesse do aluno pode promover sua competência na prática, bem como uma aprendizagem contextualizada e significativa, fortalecendo o sucesso e a motivação para aprender, ou seja, a construção da competência pode ser uma das mais significativas estratégias motivacionais (Valentini e Toigo, 2006; Valentini e Petersen, 2008).

A percepção de competência elevada e os objetivos que direcionam o aluno a se engajar na prática de uma atividade física, como a dança de salão, influenciam no desempenho, nas expectativas futuras e na persistência frente às dificuldades. Crianças que se percebem altamente competentes em determinado domínio (cognitivo, afetivo e/ou físico) são mais motivadas intrinsecamente para continuar e demonstram prazer no processo de aprendizagem (Valentini e Rudissill, 2004; Valentini, 2006a). De acordo com Valentini e Petersen (2008), os alunos motivados a aprender tendem a demonstrar: (a) comportamentos orientados intrinsecamente;

(b) objetivos de competência e maestria em diversas tarefas estabelecidas; (c) percepções de competência altas.

De acordo com Harter (1978), são observadas percepções de competência elevada quando a pessoa vivencia sucesso enquanto aprende, vivencia sucesso nos desafios das tarefas, recebe suporte enquanto aprende de pessoas significativas e aprende a se recompensar pelos esforços durante o processo de aprendizagem. No entanto, crianças que não se percebem ou se pensam que são pouco competentes tendem a desistir ou perdem o interesse quando encontram dificuldades, talvez por serem menos conscientes de sua competência, não terem experiências anteriores, não receberem suporte de pessoas importantes e, consequentemente, possuírem pouca motivação intrínseca (Valentini, 2008).

Verifica-se, assim, que as experiências vividas pelas crianças são importantes para a construção de uma motivação competente para a dança e, especificamente, para a dança de salão. No entanto, não é o que se verificou em um estudo realizado por Maia e Pereira (2008b) no qual 83,34% dos meninos e 66,38% das meninas do 6º ano nunca ou raramente tiveram experiências com essa modalidade. No 7º ano, 85% dos meninos e 55,56% das meninas nunca ou raramente tiveram experiências com dança, enquanto 33,34% das meninas sempre tiveram essas experiências, independentemente do estilo. Percebe-se que as meninas são mais otimistas e sentem-se mais capazes de realizar uma atividade como a dança de salão, possivelmente porque tiveram mais experiências com dança. Em outro estudo, realizado por Tresca e De Rose Júnior (2000) com 133 alunas de 6º e 7º anos de uma escola municipal de São Paulo, entre 10 e 15 anos, verificou-se uma predominância de motivação intrínseca quando incluíram dança nas aulas de Educação Física em relação ao grupo em que esse conteúdo não estava presente. Entretanto, não houve participação de estudantes do sexo masculino.

Portanto, para Valentini (2008), a percepção de competência é um importante mediador para manter ou aumentar a motivação, sobretudo para as crianças, influenciando nas razões para persistir em atividades como a dança de salão. Especialmente no processo de desenvolvimento, torna-se fundamental propiciar oportunidades para que as crianças construam percepções de competência elevadas, desenvolvendo a competência motora real em diferentes habilidades motoras, em particular na dança de salão.

Metodologia

Este livro se baseou em uma pesquisa caracterizada como do tipo quase experimental, considerando-se o seu ajuste aos contextos educacionais que se aproximam da melhor maneira à realidade das crianças. Além disso, os grupos são compostos sem o cumprimento do critério de aleatoriedade. O caráter correlacional também foi implementado de modo a investigar as relações entre as variáveis (Thomas e Nelson, 2002; Gaya, 2008).

População e amostra

População

A população alvo foi composta por 245 alunos do período vespertino, matriculados no Colégio de Aplicação Pedagógica da Universidade Estadual de Maringá/PR. Foi extraída uma amostra intencional, cujos critérios são descritos a seguir.

Amostra

A amostra foi constituída de 89 alunos, com idade entre 8 e 10 anos, extraída das três turmas do 4º ano, A, B e C. A composição da amostra seguiu os seguintes critérios: a escolha do 4º ano deveu-se ao fato de essa faixa etária se encontrar na fase transitória, em que ocorre a aplicação de movimentos fundamentais em formas mais complexas e específicas do desenvolvimento de movimentos especializados, descrita por Gallahue e Ozmun (2003). Nela, conteúdos relacionados ao núcleo de movimento em expressão e ritmo podem ser mais aceitos (Oliveira, 2004). Ainda, levaram-se em consideração também os resultados obtidos no projeto piloto realizado no Colégio Estadual João de Faria Pioli, com alunos do 6º e 7º anos de 2007. Concluiu-se ser possível que, quanto mais cedo as crianças tiverem experiências com dança e, em especial, com a dança de salão, mais elas se integram, sentem-se motivadas e capazes de realizar atividades relacionadas com ritmo, música e, especificamente, dança de salão (Maia e Pereira, 2008a; Maia e Pereira, 2008b).

Após a definição do ano escolar, foram estabelecidos os seguintes critérios de inclusão: estar matriculado regularmente no 4º ano do ensino fundamental I, ter entre 8 e 10 anos e possuir o termo de consentimento livre e esclarecido assinado pelos pais (Apêndice A). Foram excluídas as crianças que estavam fora da faixa etária pretendida e um aluno por apresentar deficiência mental e, portanto, necessitar de critérios de avaliação diferentes dos pretendidos para o estudo. Entretanto, esse aluno participou de todas as aulas e avaliações, sem que, no entanto, seus dados fossem considerados de modo a não ocorrer enviesamento nos resultados. A amostra total foi composta de 89 alunos dos 4os anos A, B e C; o grupo experimental envolveu 36 crianças e o grupo controle, 53 crianças.

Delineamento da pesquisa

Para a composição dos grupos experimental (GE) e controle (GC), adotou-se o seguinte critério: todos os alunos do 4º ano foram avaliados (pré-teste) no teste de avaliação da coordenação motora global (*Körperkoordinationstest für Kinder* – KTK). Após a obtenção dos resultados, calculou-se a média do quociente motor (QM) em percentual ($\bar{x}$ = 67,88 e DP = 23,54), em que a medida $\bar{x}$ é a média dos resultados e DP é o desvio-padrão. Os alunos que apresentaram o coeficiente motor inferior à média da amostra compuseram o grupo experimental (GE) e os alunos que apresentaram resultados superiores à média compuseram o grupo controle (GC). Esse critério não foi revelado às crianças para não causar qualquer tipo de constrangimento ou sentimento de superioridade ou inferioridade. Os alunos do grupo experimental foram submetidos a um programa de ensino-aprendizagem em dança de salão (merengue, forró, samba e soltinho) durante 10 semanas, com a frequência de duas horas/aula semanais, totalizando 20 sessões. Os alunos do grupo controle continuaram com as aulas regulares de Educação Física. Ambos os grupos foram reavaliados após o período de intervenção (pós-teste). Tal procedimento (intencional) visou à comparação entre os grupos em pós-teste e a comparação de pré e pós-teste por grupo, de modo a verificar os ganhos do grupo experimental, inicialmente mais fraco (abaixo da média) em resultados no pré-teste.

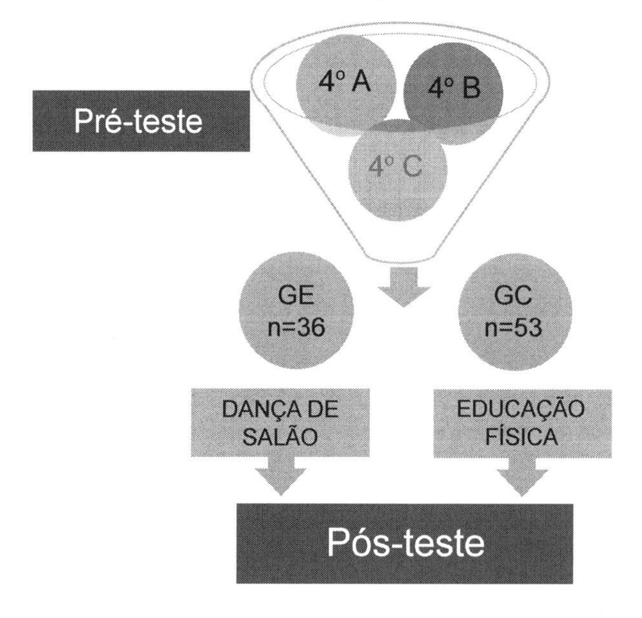

FIGURA 2.1 – Delineamento da pesquisa.

Instrumentos de medida

Foi utilizada uma ficha de identificação do aluno para verificar o perfil amostral. Para identificar a predisposição das crianças para a prática em dança de salão, foram utilizados o inventário de eficiência pessoal de

Valentini e Toigo (2006), adaptado para a dança de salão, e a escala de percepção de competência de Harter (1985), adaptada por Fiorese (1993a).

Foi utilizado o teste de coordenação motora KTK, de Kiphard e Schilling (1974 apud Gorla e Araújo, 2007), para a avaliação do desempenho motor. A confiabilidade da bateria (r = 0,90) foi estabelecida pelo método de correlação teste/reteste em 1.228 crianças em idade escolar. O teste possui uma confiabilidade individual de 0,65 a 0,87, o que assegura credibilidade para a sua aplicação (Gorla, 2007).

Utilizou-se também do termo de consentimento livre e esclarecido e o programa de iniciação em dança de salão especialmente elaborado para este estudo (Apêndice A).

Ficha de identificação do aluno

Este instrumento foi preenchido pelos pais ou responsáveis, registrando dados pessoais como nome, data de nascimento, idade e endereço, e procurou verificar se as crianças praticavam alguma atividade de dança ou esporte, quanto tempo passam em frente à TV ou ao computador, com o objetivo de identificar o perfil dos praticantes, bem como as variáveis ambientais que podem influenciar o desenvolvimento motor (Apêndice B).

Inventário de eficiência pessoal

O inventário de eficiência pessoal, de Valentini e Toigo (2006), foi adaptado para a dança de salão (Apêndice C), com a autorização da autora do instrumento e validado por três professores doutores do Departamento de Educação Física da Universidade Estadual de Maringá, das áreas de Desenvolvimento Motor, Psicologia do Esporte e Dança. A eficiência pessoal procura perceber se a criança sente-se com habilidade ou não para realizar determinada atividade ou, ainda, se não tem certeza de sua habilidade para a tarefa. A percepção de competência baseia-se na teoria de motivação de Harter, que pode refletir a motivação inicial, ou seja, a predisposição das crianças para a prática da dança de salão.

Além disso, o instrumento foi utilizado no estudo piloto para possíveis adequações (Maia e Pereira, 2008b). Por meio dele, verificou-se o nível de experiência anterior com dança, independentemente do estilo, se o aluno sabe o que é dança de salão, se tem interesse em aprendê-la ou não e por quê, bem como o sentimento do aluno em relação à realização de uma atividade como a dança de salão, à movimentação no ritmo de uma música rápida ou lenta, à dança com uma pessoa do outro sexo ou sem tropeçar nos colegas e com um colega da turma. Essas informações, segundo Valentini e Toigo (2006), possibilitam levar em consideração as impressões do aprendiz sobre si mesmo, sobre sua competência e eficiência na atividade proposta.

Escala de percepção de competência

A escala de percepção de competência – *The Self Perception Profile for Children*, de Harter (1985), adaptada por Fiorese (1993a) –, consta de seis subescalas em cinco domínios específicos: competência escolar, aceitação social, competência atlética, aparência física, conduta comportamental e valor global (Anexo A). Cada subescala contém seis itens, totalizando 36 questões, cada questão apresenta uma escala de

1 a 4 pontos, e cada subescala possui afirmações tanto positivas quanto negativas. A criança escolhe a resposta que identifica ser mais próxima de si, e os valores 1 e 2 significam baixa percepção de competência, os valores de 2,1 a 3,0 significam uma percepção de competência moderada e os valores de 3,1 a 4 representam uma competência alta. A validade e fidedignidade já foram demonstradas previamente por Harter (1982, 1985).

A competência escolar reflete os itens relacionados à escola, classificando a competência cognitiva (sair-se bem nas atividades escolares, sentir-se bem com o desenvolvimento na sala de aula). A aceitação social indica quanto as crianças sentem-se populares e o grau de relacionamento com os amigos (como ter muitos amigos, sentir-se querido ou amigável, possuir habilidade social). A competência atlética ou motora baseia-se nos esportes e nas atividades ao ar livre (sair-se bem nos esportes, preferir aprender e praticar a meramente olhar os outros jogarem). A subescala aparência física reflete o quanto as crianças são felizes com sua aparência, altura, peso, cabelo, rosto e sentem que são bonitas. A subescala conduta comportamental reflete se as crianças gostam da maneira como se comportam, fazem as tarefas certas e se elas se veem como normais ou problemáticas. Já a subescala valor global reflete o quanto as crianças gostam de si mesmas como pessoas, são seguras sobre si mesmas, se estão felizes da maneira como conduzem suas vidas, se sentem-se bem com seus atos. Mostram-se as diferenças dos indivíduos em vários domínios de sua vida, construindo uma imagem do seu autoconceito global (Harter, 1982; Harter, 1985; Fiorese, 1993a; Teixeira, 2008). Foram utilizadas, para este estudo, as subescalas *competência escolar*, *aceitação social*, *competência atlética* e *valor global*, por estarem mais relacionadas com os objetivos do estudo e por questões operacionais.

Fidedignidade da escala de percepção de competência

Para a verificação da consistência interna da escala de percepção de competência, utilizou-se o coeficiente Alfa de Cronbach referente às respostas dos alunos ao questionário. O Alfa de Cronbach foi de 0,73 para a subescala de competência escolar, 0,72 para a subescala aceitação social, 0,73 para a subescala competência motora, 0,70 para aparência física, 0,71 para a conduta comportamental e 0,73 para o valor global, mostrando boa consistência interna. Foi utilizado o programa SAS 9.0 por meio do procedimento PROC CORR.

O alfa de Cronbach mede quanto um conjunto de variáveis é adequado para medir um constructo. Seu coeficiente é obtido como função do número de variáves e a média da intercorrelação entre elas. Se as intercorrelações forem altas, evidencia-se que as subescalas estão medindo um mesmo constructo. O coeficiente de confiabilidade é considerado aceitável a partir do valor 0,70 (Smith et al., 2006).

Teste de coordenação motora KTK

O teste KTK de Kiphard e Schilling (1974 apud Gorla, 1997), foi utilizado para a avaliação da coordenação motora global. Esse teste examina o controle total do corpo e a coordenação em crianças de 5 a 14 anos e 11 meses, consistindo em quatro subtestes homogêneos: 1) trave de equilíbrio (EQ); 2) saltos monopedais (SM); 3) saltos laterais (SL); 4) transferências sobre plataformas (TP). Cada subteste apresenta um quociente motor que, somados (QM1 a QM4), mostram uma classificação própria quanto ao quociente motor geral e em percentual, trazendo a classificação em: alto, bom, normal, regular e baixo, conforme suas tabelas para sexo e idade. Os resultados foram anotados em uma ficha de coleta de dados (Anexo B). Segundo Lopes et al. (2003), a bateria de testes do KTK permite analisar os resultados de duas formas: por provas ou pelo valor global, por meio do quociente motor. Ambas as formas de análise foram consideradas neste livro.

Tarefa trave de equilíbrio (EQ)

A tarefa trave de equilíbrio visa observar a estabilidade do equilíbrio em marcha sobre a trave, com base nas variáveis de estabilidade e coordenação (Gorla, 2004; Gorla e Araújo, 2007). Consiste em caminhar em marcha para trás sobre três traves de madeira, cada uma com três metros de comprimento, com diferentes larguras uma da outra (6 cm, 4,5 cm e 3 cm). Na parte inferior, são presos pequenos suportes de 15 x 1,5 x 5 cm, a cada 50 cm, as traves alcançam uma altura de 5 cm (Figura 2.2).

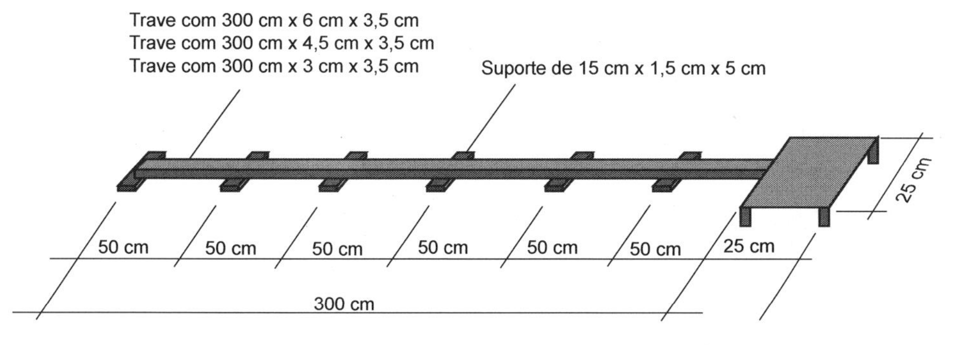

FIGURA 2.2 – Dimensões da trave de equilíbrio.

Para a realização, é feita uma tentativa para ensaio, na qual o indivíduo deve andar uma vez para frente e outra para trás, por toda a extensão da trave, para que o aluno possa avaliar a distância a ser percorrida e familiarizar-se com o processo de equilíbrio. Caso ele toque o pé no chão (no exercício ensaio), poderá continuar do mesmo local. Em seguida, são feitas três tentativas válidas, em marcha para trás apenas, não sendo permitido tocar o solo com os pés. O avaliador conta em voz alta a quantidade de passos, a partir do segundo apoio, até que um pé toque o solo ou que sejam atingidos 8 passos (pontos). A pontuação máxima por tentativa é de 8 pontos, sendo de 24 pontos por trave e 72 pontos a pontuação máxima. Os resultados de cada tentativa são anotados em uma planilha de registro (Quadro 2.1). Após o somatório dos pontos na horizontal e na vertical, obtém-se um valor bruto, que, de acordo com a idade do executante, verifica-se na tabela de pontuação para o sexo masculino e feminino, obtendo-se o quociente motor da tarefa (QM 1).

Quadro 2.1 – Planilha da tarefa trave de equilíbrio

Trave	**1**	**2**	**3**	**Soma**
6,0 cm				
4,5 cm				
3,0 cm				
			Total	
			QM1	

Tarefa saltos monopedais (SM)

Esta tarefa visa observar a energia dinâmica dos membros inferiores. Se a força não for suficientemente desenvolvida, a coordenação tende a fracassar (Gorla, 2004; Gorla e Araújo, 2007). Consiste em saltar, com uma das pernas, um ou mais blocos de espuma colocados uns sobre os outros (Figura 2.3).

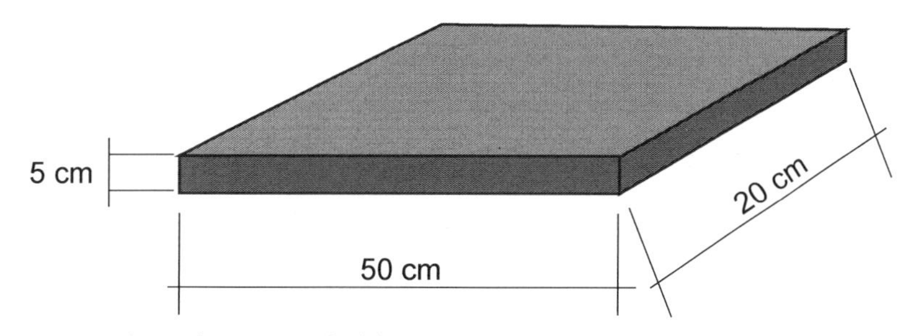

Figura 2.3 – Dimensões do bloco de espuma.

O avaliador explica e demonstra a tarefa, ou seja, salta por cima de um bloco de espuma, que deve ser colocado transversalmente em relação ao salto e dar impulso de uma distância de, aproximadamente, 150 cm. A aproximação deve ser feita com uma das pernas e devem ser dados mais dois saltos com a mesma perna após saltar. Para o aluno, permite-se fazer uma tentativa-ensaio com cada perna sobre um bloco de espuma. Em seguida, são feitas três tentativas válidas para cada perna e para cada altura que o aluno ultrapassar. São considerados como erros: tocar no chão com a outra perna antes ou depois do salto ou derrubar os blocos de espuma. Se o aluno obtiver êxito na primeira passagem, ganha 3 pontos; na segunda, 2 pontos; e na terceira tentativa, 1 ponto, para cada altura. Quando não conseguir ultrapassar uma altura, a tarefa é interrompida para aquela perna, devendo continuar com a outra enquanto conseguir. Os valores são anotados na planilha de registro (Quadro 2.2) e somados os valores da perna direita e da esquerda. Desse modo, obtém-se um valor bruto pelo qual, cruzando-se com a idade do aluno, na tabela para o sexo masculino e feminino do teste, encontra-se o quociente motor da tarefa (QM 2).

Quadro 2.2 – Planilha da tarefa saltos monopedais

Altura	0	5	10	15	20	25	30	35	40	45	50	55	60	Soma
Direita														
Esquerda														
													Total	
													QM2	

Tarefa saltos laterais (SL)

Essa tarefa visa observar a velocidade de movimentos em saltos alternados, em que os aspectos do ritmo, fluidez e continuidade de movimento são a base para o rendimento da coordenação (Gorla, 2004; Gorla e Araújo, 2007). Consiste em saltar o mais rápido possível de um lado a outro com os dois pés ao mesmo tempo, durante 15 segundos (Figura 2.3).

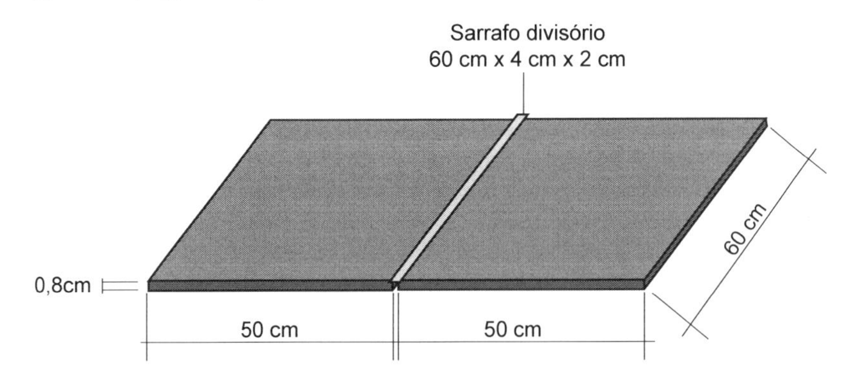

Figura 2.4 – Dimensões da plataforma de madeira para os saltos laterais.

O avaliador demonstra a tarefa e concede uma tentativa-ensaio. Permite-se passar alternando os pés, contando um salto, porém deve-se evitar usar o salto simultâneo. Se o aluno sair da plataforma, tocar o sarrafo divisório ou parar, não se deve interromper a tarefa, mas instruir o aluno a continuar. Caso haja interferência externa que atrapalhe a atenção do aluno, não se considera a tentativa válida e reinicia-se a tarefa. São feitas duas tentativas válidas. Para cada passagem sobre a divisória, contam-se os saltos como pontos e anota-se na planilha de registro (Quadro 2.3). Como resultado final, considera-se o somatório de saltos nas duas tentativas. Verifica-se na tabela para os sexos feminino e masculino, relacionando com a idade, e obtém-se o quociente motor da tarefa (QM 3).

Quadro 2.3 – Planilha da tarefa saltos laterais

Saltar 15 segundos	**1**	**2**	**Soma**
		Total	
		QM3	

Tarefa transferências sobre plataformas (TP)

Essa tarefa visa observar a velocidade combinada com um grau elevado de complexidade, pela exigência da utilização simultânea dos membros superiores e inferiores (Gorla, 2004; Gorla e Araújo, 2007). Consiste em se deslocar sobre plataformas, cada uma medindo 25 x 25 x 5 cm (Figura 2.5), durante 20 segundos, colocadas no solo em paralelo, uma ao lado da outra. O aluno terá duas tentativas para essa tarefa.

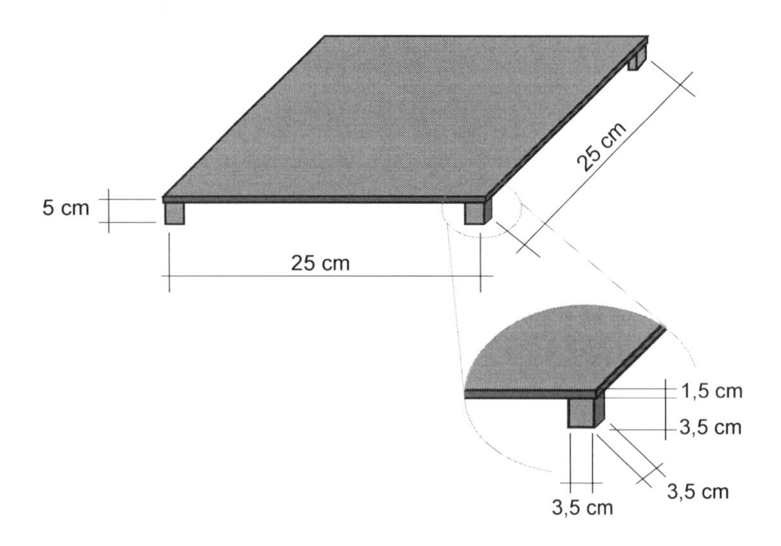

FIGURA 2.5 – Dimensões da plataforma de madeira para transferências sobre plataformas.

O avaliador demonstra a tarefa da seguinte forma: fica em pé sobre a plataforma, pega a plataforma da direita (com as mãos posicionadas na frente e atrás da plataforma) e a coloca do seu lado esquerdo, passa para essa plataforma, liberando a outra, e assim sucessivamente. A transferência pode ser feita para a direita ou para a esquerda, devendo ser mantida a mesma direção nas duas tentativas. Sempre que o aluno colocar uma plataforma no solo, conta-se um ponto e, quando subir com os dois pés nessa plataforma, soma-se outro ponto. O avaliador conta as passagens em voz alta e permite uma tentativa-ensaio. Anota-se o total de pontos das duas tentativas válidas na planilha de registro (Quadro 2.4). Somam-se as duas tentativas válidas e obtém-se o valor bruto da tarefa, que será verificado na tabela de referência do teste original (KTK), são nove tabelas ao todo e podem ser encontradas em Gorla e Araújo (2007), tanto para o sexo masculino quanto para o feminino, com relação à idade. Por meio desse cruzamento de informações, encontra-se o quociente motor da tarefa (QM 4).

Quadro 2.4 – Planilha da tarefa transferências sobre plataformas

Transferir 20 segundos	1	2	Soma
		Total	
		QM4	

Após a realização das tarefas e os resultados anotados na ficha de coleta de dados (Anexo B), somam-se os quatro valores de quociente motor e verifica-se na tabela correspondente a pontuação do teste (são nove tabelas ao todo). Em seguida, procura-se o valor na tabela de referência para o quociente motor em percentual e a classificação da coordenação corporal, conforme o Quadro 2.5.

Quadro 2.5 – Classificação do teste de coordenação corporal – KTK

Classificação do Teste de Coordenação Corporal – KTK			
QM	**Classificação**	**Desvio-padrão**	**Porcentagem**
131 – 145	Alto	+3	99 – 100
116 – 130	Bom	+2	85 – 98
86 – 115	Normal	+1	17 – 84
71 – 85	Regular	-2	3 – 16
56 – 70	Baixo	-3	0 – 2

Fonte: Gorla e Araújo, 2007.

Fidedignidade do teste de coordenação motora KTK

Para a verificação da consistência interna da escala do teste KTK, utilizou-se o coeficiente alfa de Cronbach para o conjunto de tarefas referentes à bateria do teste. O alfa de Cronbach foi de 0,87 para a tarefa trave de equilíbrio, 0,82 para a tarefa saltos monopedais, 0,82 para a tarefa saltos laterais, 0,85 para a tarefa transferência sobre plataformas e 0,75 para o quociente motor em percentual, o que revela boa consistência interna. Foi utilizado o programa SAS 9.0 pelo procedimento PROC CORR.

3 Programa de iniciação em dança de salão

Informações gerais sobre o Programa de Iniciação em Dança de Salão (grupo experimental)

O programa foi desenvolvido por meio de atividades dinâmicas relacionadas à dança de salão, no campo de interesse e na fase de desenvolvimento dos alunos (na faixa de 8 a 10 anos). Trata-se, assim, do ato de regular previamente uma série de operações que se devem realizar no ensino-aprendizagem da dança de salão para crianças, em aulas de Educação Física Escolar. Pretende-se que esse programa possa servir como orientações que contribuirão com o trabalho docente, uma vez que são processos, métodos e técnicas relativos à maneira de proceder e agir, visando às trocas de experiências entre professor e aluno (Shigunov e Pereira, 1993). Dessa maneira, o docente passa a ser o transmissor/mediador que aplicará os meios disponíveis encontrados, delineados como modos sugestivos, com vistas à consecução de objetivos específicos e determinados.

Justificativa do método

Existe uma vasta gama de nomes que são dados aos trabalhos realizados com crianças e adolescentes no campo da dança (Marques, 2007). Portanto, a intenção não é criar um nome ou uma didática com base em pressupostos filosóficos, epistemológicos ou educacionais, como a escola nova, tradicional, tecnicista ou histórico-crítica, mas elaborar um programa de iniciação à dança de salão utilizando conteúdos propostos por Laban (1990) para despertar maiores interesse, motivação, participação e consciência do movimento para que o aprendizado da dança de salão seja significativo e prazeroso.

O objetivo particular do programa, que orienta-se também em Delors (2005), é o de aumentar a propensão a aprender, tanto na escola quanto em outra ocasião. Esse programa traz contribuições no desenvolvimento motor pela melhoria da coordenação motora dos alunos, conforme está amplamente explorado neste livro.

Antes da elaboração do programa, alguns questionamentos foram feitos para delinear quais seriam os caminhos possíveis para a estruturação da proposta. Alguns desses questionamentos são compartilhados por autores como Marques (2007), Delors (2005) e Laban (1990), e adaptados para esta obra: Como elaborar programas que sejam completos e interessantes? Como adaptar um programa de iniciação à dança de salão para o 4º ano do ensino fundamental I que leve em consideração a transmissão de um conhecimento cultural de acordo com faixa etária, interesse, nível de coordenação motora, nível de eficiência pessoal, percepção de competência e motivação? Como proceder? Como diversificar os conteúdos, preservando, ao mesmo tempo, certa homogeneidade e um fio condutor?

De acordo com Volp, Deutsch e Schwartz (1995), um bom programa de dança de salão na escola, assim como de outras atividades, deveria permitir a abordagem e a vivência em seu conteúdo em vários aspectos, entre os quais: técnicos, teóricos e passos, priorizando a ocupação do tempo livre e a vivência do fluxo do movimento. Só assim pode-se considerar o ser humano repleto de interesses e desinteresses, com *performances* boas e ruins, diferentes estados de ânimo, acertos e erros, enfim, o ser real e completo.

Volp (1994) diz que, em um programa de dança de salão, pode-se fornecer ao aluno o vocabulário de movimento próprio da modalidade e favorecer a prática de etiquetas sociais e das habilidades motoras. Valentini e Toigo (2006) afirmam que a criança aprende somente quando existe um programa com metas e objetivos que possam ser alcançados em curto e longo prazos, com atividades adequadas ao seu desenvolvimento, com estratégias para aproveitar ao máximo as oportunidades de prática e com um sistema de avaliação de acordo com os objetivos iniciais.

Sendo assim, o objetivo geral do programa de iniciação à dança de salão é proporcionar experiências relacionadas aos elementos básicos do movimento e de ações básicas de esforço, vivências de movimentos relacionadas aos temas de movimentos elementares (Laban, 1978, 1990) e combinações de habilidades motoras fundamentais (locomoção, estabilização e manipulação) (Gallahue e Ozmun, 2003; Gallahue, 2005; Gallahue e Donnelly, 2008) direcionadas aos movimentos básicos das danças de salão: merengue, forró, soltinho, samba, entre outras. Como objetivos específicos, trabalhar com pequenas variações dos ritmos escolhidos, com noções primárias de contato/condução e deslocamento pelo salão, sempre visando contribuir para a melhoria do desempenho motor coordenado dos alunos.

Monteiro (2006) acrescenta que até alcançar a proficiência em uma habilidade motora, o indivíduo passa por sucessivas sessões de prática, quando vários sistemas são ativados, o que exige regulação e ajustes contínuos das coordenadas do espaço, da força e da velocidade. Noções de espaço, força e tempo podem ser trabalhadas por meio de conceitos de tempo, espaço, peso e fluxo (ou fluência) sugeridas por Laban (1978, 1990).

Laban (1990, p. 28) explica que o aluno entre

> 8 e 11 anos necessita de um enfoque de acordo com o seu desenvolvimento alcançado, seja qual for o sexo; nesta etapa deve-se ensinar os rudimentos de uma aprendizagem de dança.

Dessa maneira, o autor introduziu no ensino da dança uma nova concepção dos elementos do movimento. A ideia central na aprendizagem de uma nova dança fundamenta-se nas ações da dança que, como em todo tipo de atividade humana, constituem-se de sucessões de movimentos, nos quais um esforço definido do indivíduo acentua cada um deles. Assim, torna-se possível diferenciar cada esforço específico, já que cada ação consiste em uma combinação de elementos de esforço que nasce das atitudes das pessoas que se movimentam seguindo os fatores de movimento: tempo, espaço, peso e fluência.

Desse modo, a aprendizagem desperta o desenvolvimento de uma consciência clara e precisa dos diferentes esforços do movimento e garante também a apreciação de qualquer movimento de ação, até dos mais simples. Sendo assim, no processo de ensino de qualquer dança, especialmente a dança de salão, esses conceitos podem e devem ser trabalhados e desenvolvidos, para que se tornem conscientes ao longo do processo de aprendizagem do movimento. Com base na abordagem desenvolvimentista, que tem o movimento como meio e fim principal da Educação Física (Azevedo e Shigunov, 2001), observa-se o movimento como um fenômeno merecedor de considerações e análises mais profundas, pois o comportamento motor expressa a integração entre os domínios afetivo-social e cognitivo, pensando-se em um "planejamento progressivo e sequencial, priorizando-se alguns objetivos e não todos" (Gaspari, 2002, p. 127).

Leva-se em consideração que os alunos se encontram no nível iniciante para a dança de salão e considerando-se que seus movimentos ainda são desajeitados e desordenados, os alunos começam a construir um plano mental e tentam aprender a habilidade (Gallahue e Donnelly, 2008). Levando-se em conta a orientação de Ossona (1988), de que o primeiro passo na educação de todo indivíduo deve ser uma dança educativa, criativa e recreativa, os conteúdos propostos seguiram esses pressupostos.

Fahlbush (1990) e Nanni (2003) apontam a importância do método proposto por Laban que inclui os fatores tempo, espaço, peso e fluência, características que envolvem qualquer movimento, principalmente na dança. Quanto ao tempo, interessa a relação existente entre lentidão e rapidez, ou seja, a velocidade em que se realiza o movimento. Nanni (2003, p. 126) afirma que:

> tempo é o elemento necessário à observação das ações corporais que se processam durante um período de tempo e que podem ser medidas com exatidão pelos seguintes aspectos: velocidade rápida, normal, lenta e outros que surgem à medida que permitem o movimento suceder o ritmo acelerado, retardado, ralentado, moderado, presto, prestíssimo, em relação direta às sequência de movimento. Pausa é a retenção do movimento em potencial; acento é a conotação de ênfase dada à execução do movimento e se expressa na unidade de tempo, que é a distribuição das sequências de movimento pela divisão dos mesmos pelos compassos binário, ternário e quartenário da unidade de tempo proposta.

Na dança de salão, o tempo do movimento é vivenciado pelo ritmo, determinado pela música. Segundo Laban (1978, p. 74), "o tempo-ritmo consiste na combinação de durações iguais ou diferentes de unidades de tempo e podem ser representadas pelas notações musicais de valores de tempo" e "o mesmo ritmo pode ser executado em tempos diferentes". Em uma mesma música, permite-se dançar passos diferentes em diferentes tempos, que na dança de salão chamam-se de passos no "tempo" ou no "contratempo".

Para Fahlbusch (1990), o fator espaço é a relação existente entre a pessoa que dança e o espaço que utiliza, bem como as direções nas quais pode se mover. Nanni (2003, p. 126) complementa ao afirmar que:

> espaço é o lugar que o corpo ocupa na base (chão e/ou ar), executando formas (angulares, torcidas, circulares) com seu contorno de massa e/ou expansão dos movimentos nos planos, direções, trajetórias, sentidos e níveis. O sistema de alavancas permite ao corpo tomar lugar no espaço, fazendo que alcance a distância e extensão nos planos: frontal, sagital e horizontal; nas direções do espaço: direita, esquerda, frente, trás, lado e suas vinte combinações pelo espaço pessoal e global, ou em altura e profundidade, sentidos vertical e horizontal; trajetórias retas, curvas, combinadas níveis alto, baixo, intermediário.

Com relação ao espaço, a direção de um movimento é relativa à sua posição inicial. Geralmente, o cavalheiro inicia para frente e a dama, para trás (em relação ao deslocamento na dança de salão, que se dá no sentido anti-horário). Existem, porém, movimentos em todos os sentidos e todas as direções para ambos.

Segundo Fahlbusch (1990), a energia é a força propulsora do movimento. É ela que impulsiona a pessoa a sair da inércia e realizar os gestos. O fator energia é a base do movimento. Conforme Nanni (2003, p. 125):

> peso é a energia, a força muscular usada na resistência do peso do corpo; segue a lei da gravidade, superada pela atuação dos nervos e músculos, sistemas de alavancas (músculos agonistas e antagonistas) e também pela superação das forças horizontais, resultantes do centro de gravidade do corpo e as forças verticais resultantes da gravidade da terra.

A cada movimento executado, existe uma transferência de peso do corpo. Essa transferência deve ser executada com precisão e equilíbrio na dança de salão, uma vez que, pelo fato de haver proximidade entre os pares, o desequilíbrio de um afeta também o outro, tornando-se difícil harmonizar os passos. O uso do peso do corpo é também chamado, na dança de salão, de "contrapeso" e pode ser visualizado quando uma parte do corpo está sendo movida, ou o próprio corpo, dando origem a uma resistência que pode envolver tensão muscular fraca, normal ou forte (Laban, 1978). Na dança de salão, é preciso que essa resistência crie oposição ao movimento do outro, para que o movimento resultante seja na mesma direção, porém sem causar desequilíbrios. No início da aprendizagem, é normal que os alunos tenham dificuldade de controlar essa tensão muscular e fiquem "leves" ou "pesados" para serem conduzidos, mas se busca alcançar o domínio dessa resistência cujo ideal é normal, fraco ou leve.

A fluência é o fator que une um gesto ao outro sem interrupção. Diversos movimentos compõem uma dança, e a fluência os une de forma harmônica, desencadeando-os, um após o outro. Laban (1990) explica que essa fluência permite um envolvimento livre ou controlado com todas as articulações do corpo, possibilitando a riqueza dos movimentos. Para Nanni (2003, p. 126):

> fluência é o controle ou expansão do movimento ou das partes do corpo pelos centros nervosos em relação à reação de estímulos internos e externos. A fluência do movimento depende de uma coordenação neuromuscular mais fina e requintada para responder com precisão e clareza à execução dos movimentos sequenciais.

A fluência pode ser livre, vista em movimentos repentinos e enérgicos, e controlada e vista em movimentos com pressão (Laban, 1978). Na dança de salão, a pressão é uma forma de os parceiros conectarem os movimentos simultaneamente por meio dos pontos onde há contato corporal, numa constante troca de energia que, segundo o autor, é a força propulsora do movimento. Essa pressão é importante e deve ser adequada ao movimento realizado, quando o cavalheiro, para realizar a condução, exerce pressão no corpo da dama para que ela "entenda" qual movimento ele deseja realizar. A dama, por sua vez, exerce uma pressão igual ou menor que a do cavalheiro, para que ela realize o movimento resultante e correspondente ao dele. O adequado controle dessa pressão para a condução leva os dançarinos a níveis ótimos de *performances*, pois, segundo o mesmo autor, o controle da fluência do movimento relaciona-se intimamente ao controle dos movimentos das partes do corpo.

Segundo Laban (1990), tempo, peso e espaço são fatores mecânicos, pois o peso do corpo ou de qualquer parte segue a lei da gravidade e pode ser transportado em um determinado trajeto, seguindo diferentes direções, níveis e amplitudes no espaço e em diferentes razões de velocidade (rápido, lento, moderado), ou seja, os movimentos se processam durante algum tempo, e essa relação pode ser expressa por meio do ritmo que corresponde à sequência temporal ótima, na qual deve ocorrer o movimento. Portanto, o peso, o tempo e a fluência dizem respeito a como o corpo se move, e o espaço diz respeito aonde o corpo se move; existe ainda a relação com quem ou com o que o corpo se move.

Volp (1994) realizou um estudo com jovens entre 14 e 15 anos que participaram de um programa de dança de salão, e verificou que os jovens veem a contribuição da dança de salão, especialmente na coordenação, por meio da relação da coordenação com fatores como ritmo e movimento, e também da relação entre as partes do corpo, do espaço ou da necessidade de dominar esses fatores.

Para Laban (1990), a coordenação de um número maior de articulações se torna mais difícil para o adulto (ou com o passar do tempo), pois o impulso de dançar diminui com o avanço da idade de maneira proporcional. Por isso, à medida que a criança cresce, ela aprende a imitar o adulto e, às vezes, pode adquirir seu ideal de relativa imobilidade, perdendo o impulso espontâneo de dançar, o que equivale a perder o gosto pelo prazer do equilíbrio das qualidades de esforço e seu crescente hábito de empregar esforços isolados. Por isso, no trabalho com crianças, segundo esse autor, o professor deve procurar desenvolver igualmente a "combinação feliz da mente e corpo em desenvolvimento, sem inibir a primeira nem desenvolver demais a segunda" (Laban, 1990, p. 28). Além disso, o professor deve abordar os fatores de movimento (tempo, espaço, peso e fluência) e observar a criança abordá-los.

Segundo o autor, a criança desfruta, primeiramente, de ações rápidas e aprende gradualmente a conter seus movimentos. Depois, apresenta seus movimentos mais enérgicos e depois os mais leves, entrando em contato com a resistência ao peso. Nessa fase, a criança ainda não tomou consciência do espaço, cabendo ao professor despertar a compreensão da relação do movimento com o mundo ao seu redor. A criança pode aprender a reconhecer o estreito e o amplo, bem como todos os lugares diferentes em volta do seu corpo para onde pode deslocar-se. Para Laban (1990, p. 28), a criança responde com boa vontade às sugestões como "tocar o teto", "correr até esta ou aquela parede" ou "esticar-se o mais que possa" e deve primeiro aprender a usar o espaço com imaginação antes de usar movimentos direcionados ou com desenhos simétricos. De acordo com Laban (1990, p. 28):

> a aprendizagem da dança, desde suas primeiras etapas, tem como principal interesse ensinar a criança a viver, movimentar-se e expressar-se no ambiente que rege sua vida, e, nisso, o mais importante é o seu fluxo de movimento. Esse fluxo se desenvolve com lentidão e, em muitos, não chega a bom termo. Se a criança tem este fluxo, encontra-se em harmonia perfeita com todos os fatores do movimento e está felizmente adaptada à vida, tanto no aspecto físico como mental. No entanto, isso não ocorre se não há um desenvolvimento de seu fluxo natural.

Antes da elaboração do programa de iniciação em dança de salão, estudam-se os fatores de movimentos, as ações básicas de esforço e os temas de movimentos propostos por Laban (1978, 1990), que poderiam contribuir no aprendizado da dança de salão. Segundo o autor (1978, p. 51), "todos os movimentos humanos estão indissoluvelmente ligados a um esforço, que, na realidade, é seu ponto de origem e aspecto interior". O esforço e a ação dele resultante estão presentes em qualquer movimento e pode ser inconsciente e involuntário.

Segundo Laban (1978), podem-se analisar os elementos do esforço em relação ao tempo, ao espaço e ao peso. Quanto ao tempo, ele pode ser "súbito" ou "sustentado". *Súbito* é uma velocidade rápida e transmite a sensação de um espaço curto de tempo. Mas *sustentado* transmite uma sensação de longa duração e velocidade lenta. O elemento de esforço em relação ao espaço pode ser "direto" ou "flexível'. *Direto* consiste numa linha reta, enquanto *flexível* consiste numa linha ondulante, dando a sensação de estar em toda parte. O elemento de esforço em relação ao peso pode ser "firme", que é uma resistência forte, ou um "toque suave" ou "leve", que provoca uma resistência fraca e uma sensação de movimento leve ou de ausência de peso.

Sendo assim, foram analisadas, nas diferentes danças de salão, que ações básicas de movimento e esforço estariam presentes em maior ou menor grau, nos diversos ritmos que compõem a dança de salão, entre os quais estão também os ritmos escolhidos para o programa de iniciação em dança de salão, chegando-se ao seguinte quadro:

Quadro 3.1 – Ações básicas de movimento e esforço associados aos ritmos da dança de salão

Ações básicas	Esforço	Dança de salão
1. *Pressionar*	Firme, direta, sustentada	Todas
2. *Pontuar* (dar lambadas leves)	Flexível, súbita, ligeira	Forró, merengue, samba
3. *Socar* (dar socos ou arremeter)	Firme, direta, súbita	Soltinho, samba, tango
4. *Flutuar* (ou voar)	Flexível, sustentada, ligeira	Bolero
5. *Torcer* (retorcer-se)	Flexível, contínuo, firme	*Zouk*, merengue, forró
6. *Vibrar* (dar toques ligeiros)	Direta, súbita, ligeira	Forró, merengue, samba
7. *Chicotear* (cortar o ar)	Flexível, firme, súbita	*Zouk*, tango (voleio)
8. *Deslizar*	Direta, contínua, ligeira	Bolero, samba, tango

Fonte: Adaptado de Laban, 1990.

Além dos elementos de movimento e das ações básicas de esforço, foram escolhidos alguns dos temas de movimentos propostos por Laban (1990, p. 33):

> a ideia diretriz é que o professor deve encontrar sua própria maneira de estimular os movimentos e, posteriormente, a

> dança em seus alunos, escolhendo entre um conjunto de temas de movimentos básicos aquelas variantes adequadas à etapa e ao estado de desenvolvimento real do aluno ou da maioria da classe.

Podem-se combinar alguns temas ou variações, e é importante salientar que as ideias de movimento presentes em um tema não precisam ser totalmente compreendidas pelo aluno antes de iniciar outro tema. Entende-se que se pode trabalhar de maneira paralela esses conteúdos no intuito de contribuir para despertar e tornar consciente os princípios do movimento que são utilizados nos movimentos da dança de salão ou de qualquer outra dança.

Nesse sentido, Laban (1990) propõe dezesseis temas básicos de movimentos, dos quais oito são temas elementares propostos para crianças menores de 11 anos. Destes, foram adaptados sete temas para este livro: (1) temas relacionados à consciência do corpo; (2) temas relacionados à consciência do tempo e do espaço; (3) temas relacionados à consciência do peso do corpo; (4) temas relacionados à adaptação a companheiros; (5) temas relacionados ao uso instrumental dos membros do corpo; (6) temas relacionados à consciência do fluxo do peso corporal no tempo e no espaço; (7) temas relacionados à consciência de ações isoladas do corpo combinados com as ações básicas de esforço.

O Quadro 3.2 apresenta um exemplo de cada atividade relacionada aos temas escolhidos. Justifica-se, assim, a necessidade de se fazer um trabalho preparatório com as crianças utilizando os elementos fundamentais que compõem o movimento e, especificamente, os movimentos utilizados na dança de salão.

Quadro 3.2 – Temas de movimentos elementares e exemplos de atividades para o programa de iniciação em dança de salão na escola

Temas de movimentos elementares		Exemplos de atividades
1. Temas relacionados à consciência do corpo	Pode-se levar a criança em crescimento a se conscientizar da possibilidade de usar, brincando, pulsos, dedos, cotovelos, ombros, cabeça, peito, escápula ou qualquer parte do corpo para se mover ou dançar.	Movimentar-se na música utilizando as diferentes partes do corpo: cabeça, braços, joelhos, tronco, pés, conforme sugerido pelo professor, de modo livre.
2. Temas relacionados à consciência do peso e do tempo	Pode-se fazer que a criança tenha consciência de que o movimento de qualquer parte do corpo pode ser repentino ou contínuo, leve ou vigoroso.	Andar no tempo e no espaço determinado pelo professor durante 30, 10, 5 segundos, sem música e com música (rápida e lenta).
3. Temas relacionados à consciência do espaço	Pode-se levar a criança a sentir a diferença entre movimentos amplos e restritos fora da extensão de qualquer parte do corpo, no espaço ou de sua aproximação do centro do corpo.	Idem ao anterior, mas modificando o espaço, a posição do corpo e o nível (terão de percorrer um espaço maior com o mesmo tempo).
4. Temas relacionados à consciência do fluxo do peso corporal no tempo e no espaço	Movimentos em linha reta, assim como em trajetos sinuosos e serpenteantes, com diferentes velocidades e vários ritmos, marcados, batendo-se palmas, cantando ou tocando tambores. A plasticidade do corpo, que é sua forma escultural, pode ser percebida nas diferentes posições em que se detém o fluxo do movimento. Uma forma simples e atraente para as crianças é "brincar de estátua".	Movimentar-se como um robô de 200 kg (mudar direções e níveis), movimentar-se como se tivessem 100 kg, movimentar-se como se tivessem 50 kg, movimentar-se como se tivesse 5 kg e/ou como se fosse uma pena.

Continua

Continuação

Temas de movimentos elementares		Exemplos de atividades
5. Temas relacionados à adaptação a companheiros	A "estátua" solitária pode trocar de posição, respondendo a outra "estátua", representada por um companheiro. Estimula-se ensinando a diferença entre as estátuas grandes e altas e de grande alcance com outras que assumem posições acocoradas, baixas e encolhidas. Um se mexe e o outro responde. Podem-se juntar contrastes de velocidades (rápido-lento) e de direção.	Alongamento 2 a 2. 2 a 2 – quando parar a música, um faz a estátua e o outro imita. Estátuas 2 a 2 – distribuir figura pelo chão, de poses da dança de salão, individual ou em duplas; imitar as figuras.
6. Temas relacionados ao uso instrumental dos membros do corpo	Podem-se empregar as mãos como instrumentos como pinças ou colheres, e as pernas são usadas como meio de locomoção, isto é, instrumentos para transportar o corpo de um lugar par o outro.	2 a 2 – Conduzir o colega com as mãos e levá-lo até outro lugar da sala, conduzir por diferentes partes do corpo, braços, costas, barriga, ombros, joelhos.
7. Temas relacionados à consciência de ações isoladas	As ações básicas de esforço, tais como pressionar, dar socos leves, realizadas por diferentes partes do corpo, podem ser executadas em várias direções espaciais. Cada ação tem uma velocidade típica. Desperta-se a apreciação dos acentos no ritmo mediante a repetição de movimentos vigorosos. Os esforços leves trazem consigo a consciência de delicados movimentos táteis, sem perder completamente a tensão. Exemplo: a dama pode ser conduzida sem fazer muito peso, mas sem perder a tensão.	Andar no ritmo da música, movimentando as diferentes partes do corpo e utilizando diferentes ações (pressionar, flutuar, vibrar, torcer, pontuar, socar, chicotear e deslizar).

Fonte: adaptado de Laban, 1990.

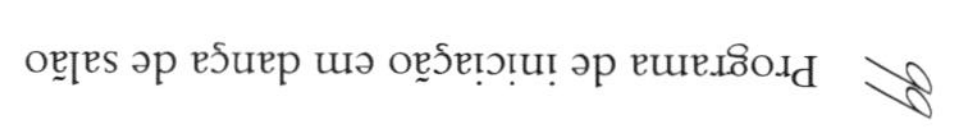

Concepção fundamentada da unidade/aula

As aulas foram organizadas em: introdução, com duração de 10 a 20 minutos, desenvolvimento, com duração de 50 a 60 minutos, e conclusão, com duração de 10 a 20 minutos.

Na introdução da aula, trabalhou-se com os temas elementares de movimentos e as ações básicas de esforço (Laban, 1990), utilizando-se cerca de 10 a 20 minutos, tempo suficiente não para desenvolver todos os conceitos propostos por Laban, mas para preparar e aquecer o corpo e as articulações das crianças, preparando-os para as atividades relacionadas à dança de salão no desenvolvimento da aula. Segundo Vargas (2005), uma aula de dança deve iniciar pela preparação dos corpos, aquecendo e alongando os segmentos corporais que serão trabalhados. Dessa maneira, coloca-se o aluno em atitude e postura que particularizam a dança de salão e que trabalham os movimentos de maneira global.

No desenvolvimento da aula, foram explorados os elementos da dança de salão, como postura, condução (conduzir e ser conduzido), movimentação característica e a técnica que, na dança de salão, segundo Volp (1994), pode ser associada à criatividade e à educação.

Como o objetivo do programa proposto é iniciar os alunos no universo de conteúdos da dança de salão, para verificar sua influência sobre o desempenho motor coordenado, procura-se selecionar alguns conteúdos que possam ser mais atrativos e motivantes para as crianças e sejam os mais adequados ao tempo disponibilizado para o programa (merengue, forró, soltinho e samba). Trabalha-se com os passos básicos dos ritmos escolhidos, bem como algumas variações, noções de postura e condução e deslocamento pelo salão, sem muitas cobranças com a técnica propriamente dita. O que se busca no trabalho com a dança não é somente a execução técnica, mas a participação de todos, expressando seus próprios movimentos (Vargas, 2005).

O trabalho se realiza em pequenos grupos, em equipes, em forma de estafetas ou adaptando-se pequenos jogos ou atividades preexistentes. Exemplo: "coelhinho sai da toca" – os alunos devem permanecer dentro de arcos (tocas), dançando os movimentos aprendidos na aula. Quando o professor interrompe a música, os alunos devem trocar de toca e um aluno permanece no centro da sala, tentando pegar uma toca. O mesmo exercício pode ser realizado em duplas, que dançam dentro dos arcos, antes de mudarem de lugar.

Na conclusão da aula, trabalham-se atividades de desaquecimento, conversando com os alunos sobre a aula a fim de que proporcionem um *feedback* dos conteúdos trabalhados na parte principal. Por fim, inicia-se um trabalho coreográfico no ritmo do soltinho.

Além disso, procura-se ter uma preocupação com o ambiente onde podem ser realizadas as aulas. Nesse sentido, a sala pode ser decorada com gravuras de casais em diferentes poses, representando diferentes danças de salão, pois, conforme Gallahue e Ozmun (2003), as condições do ambiente como oportunidade para a prática, instrução, encorajamento e a ecologia ou cenário do ambiente em si exercem papel importante para que os padrões de movimentos fundamentais atinjam um grau máximo de desenvolvimento.

Além da relação com algumas das ações básicas de movimento propostas por Laban, os ritmos são escolhidos seguindo-se alguns critérios. O merengue, por exemplo, possui compasso binário, que proporciona um grau de facilidade na execução, por ser um ritmo moderado e inerente à criança. O "soltinho" é eleito por seu repertório amplo de músicas e por ser um ritmo contagiante e fácil de agradar a quem ouve.

O samba, apesar de não ser tão fácil de aprender, costuma ser um ritmo escolhido por ser genuinamente brasileiro e deve ser valorizado e transmitido nas escolas como parte importante e representante da nossa cultura, assim como o forró, que desperta grande interesse atualmente em todo o país, também por ser de fácil execução.

O merengue é um ritmo veloz e malicioso da República Dominicana, mas também é conhecido em países como Porto Rico, Venezuela, Haiti e Colômbia. Suas origens são crioulas, tendo sido levado por escravos da África para os territórios das Américas. Seu nome deriva do modo pelo qual os dominicanos chamavam os invasores franceses no século XVII. A primeira referência escrita desse ritmo data do século XIX. O merengue é uma dança alegre e muito contagiante, executada por casais entrelaçados com passos fáceis, nos quais um dos pés marca o tempo e o outro é arrastado no chão, permitindo a cada dançarino se expressar por seu gingado (Merengue, 2009; História da dança, 2009). Segundo Perna (2002), os ritmos latinos foram moda nos anos 1994 e 1995, e se tornaram intensos, principalmente a salsa e o merengue, cujo ritmo foi tratado em determinada novela de televisão.

Segundo Quadros Junior e Volp (2005), o termo *forró* pode ser usado tanto para a música quanto para a dança. Mas quando se usa a expressão "dançar um forró" ou "tocar um forró", não se diferenciam os vários ritmos dançantes e vários gêneros musicais que compõem o fenômeno. De acordo com Perna (2002), na região Sudeste, a dança forró sempre foi uma generalização de diversas danças típicas do Nordeste, como o xote, o baião, o rastapé, o coco e o xaxado. Normalmente, é identificada mais com o baião ou xote, por estes serem mais conhecidos no Sudeste. Do ponto de vista musical ocorre o mesmo. Quanto ao nome *forró*, existem controvérsias em relação à sua origem. Em uma dessas versões, Perna (2002) e Quadros Junior e

Volp (2005) afirmam que, em virtude das festas que operários de estradas de ferro no Nordeste participavam, o nome derivaria do inglês *for all*. Como as empresas eram dirigidas por ingleses, começaram a chamar de *for all* tais festas, que soava como forró para os nordestinos. De qualquer modo, a palavra indicava o local da festa.

Em outra versão, Perna (2002) diz que o forrobodó já existia quando os ingleses chegaram ao Brasil para construir estradas de ferro, assim como o pagode, o samba e o arrasta-pé – que eram expressões para denominar as festas populares movidas a música, aguardente e dança. Possivelmente, "forró" é uma corruptela do termo nordestino "forrobodó". Quando o forró invadiu o Sudeste, em 1996, e virou modismo por volta de 1997, no Rio de Janeiro, recebeu o nome de "forró pé de serra", buscando o tradicional, e também "forró universitário", em razão da menção aos estudantes que o fizeram virar moda. Desde então, deixou de ser modismo e se fixou. Segundo Quadros Junior e Volp (2005), o forró pé de serra é tocado por trios de zabumba, triângulo e sanfona, com dança de passos básicos e variações simples. Já o forró universitário sofreu influências do *rock'n'roll*, do *funk*, do samba e do *reggae*, introduzindo-se o passo básico com marcação atrás e variações e giros mais complexos. É importante verificar, segundo Perna (2002), que o forró atraiu uma nova tribo de jovens para a dança de salão.

O soltinho é uma dança de salão relativamente nova, descendente do *swing*, do *rock e* do *jive*, entre outros. Para alguns dançarinos brasileiros, ele já tem também uma identidade própria, podendo ser considerado uma variante do *swing*. Não se deve dizer que é um *swing* dançado erradamente, porque é uma realidade nos bailes. Dança-se o soltinho quando a orquestra toca *swing* ou foxtrote. Por não existir o ritmo musical "soltinho", pode-se dançá-lo em qualquer ritmo de andamento rápido como o *rock*, o *swing*, entre outros (Perna, 2002). Vários artistas possuem ótimas músicas para dançar soltinho, mesmo que não tenham sido compostas para tal. O repertório musical do soltinho pode ir de Elvis Presley a Skank, de Carpenters a Roberto Carlos, de Billy Paul a Cláudio Zolli, de ABBA a Lulu Santos, entre outros.

Segundo Perna (2002), o maxixe foi o maior influenciador do samba de gafieira, que, por sua vez, originou-se da junção da polca e outras danças de salão europeias com a malícia da dança do lundu, pela necessidade da classe humilde do século XIX dançar como as então chamadas pessoas de bem. A real dança do samba não é o samba de gafieira, mas a dança do Carnaval ou samba no pé, no Rio de Janeiro, personificada pelo mestre-sala e pela porta-bandeira (ou seja, qualquer dança que descenda diretamente da umbigada dançada ao som do batuque africano, com suas quebradas e seus sapateados). Portanto, o samba de gafieira descende do maxixe, que, por sua vez, descende da polca e somente surgiu muito tempo depois, na década de 1930, após o declínio do maxixe. Certamente, possui raízes africanas no ritmo, na forma e na ginga, do modo como o negro interpreta a dança. Enfim, é chamado atualmente de *swing* ou balanço e possui marcação do passo básico que se originou do sapateado do samba de roda.

Conforme o autor, a gafieira é o local onde se dança, e o nome "samba de gafieira" existe para diferenciá-lo de outras danças, como o samba no pé, samba pagode, samba internacional de competição, samba *rock* etc. O samba, apesar de ser mais conhecido atualmente como expressão musical urbana carioca, existe em todo o Brasil sob a forma de diversos ritmos e danças populares regionais que se originaram do batuque. Segundo Bregolato (2000), o samba é a mais típica e popular das danças brasileiras e está na alma desse povo em todas as classes sociais. Com muito ritmo, percussão e calor humano, segundo a autora, pode-se dizer que esse ritmo é o retrato musical do Brasil, alegre, maravilhoso, irreverente e inquieto.

Informações gerais sobre o Programa de Educação Física (grupo controle)

Os conteúdos de Educação Física trabalhados por professores da área, no primeiro e no segundo bimestres, momento em que o programa de iniciação em dança de salão foi desenvolvido, foram fornecidos pela coordenação do ensino fundamental do Colégio de Aplicação Pedagógica (CAP/2008) da Universidade Estadual de Maringá, pelo planejamento anual e livros de chamada. Os conteúdos são descritos a seguir.

Primeiro bimestre

- Habilidades motoras de base (rolar/segurar/transportar/manipular objetos): reconhecimento da ação motora e vivência das habilidades;
- Capacidades físicas: velocidade (conceituação, classificação e variações/intensidade), força muscular (conceituação, força geral e específica);
- Atletismo: corridas curtas, saltos em distância e lançamento de pelota (formas elementares em situação de jogo);
- Jogos em equipe e individual: conceito, diferença e vivências práticas.

Segundo bimestre

- Jogos populares do mundo infantil: queimada (histórico, regras convencionais e criativas, formas de vivência);
- Danças folclóricas brasileiras: quadrilhas, boi-bumbá (histórico, evolução e vivências);
- Danças populares: participação e criação de coreografias simples;
- Ritmo: estudos das diferentes possibilidades de ritmos empregados na ação motora;
- Maturação biológica: estudos elementares sobre o crescimento e desenvolvimento e importância da atividade física.

Objetivos

- Organizar situações de vivências corporais e estudos que possibilitem a compreensão de ser um corpo em movimento e em constantes interações com objetos e pessoas;
- Favorecer o estudo e a vivência de manifestações lúdicas e esportivas como integrantes da cultura motora, contribuindo com o processo de construção da motricidade;
- Promover a compreensão do movimento rítmico como forma de expressão corporal e de representação social, valorizando-o em diversas manifestações culturais;
- Promover o entendimento e o envolvimento da interação entre a ação motora e a saúde, destacando os benefícios que esses conhecimentos podem trazer para a melhora da qualidade de vida.

Estratégias metodológicas

- Aulas teórico-explicativas dos conteúdos relacionadas ao cotidiano;
- Aulas práticas com atividades individuais, pequenos e grandes grupos.

Coleta de dados e procedimentos

Inicialmente foi obtida a autorização do Diretor e da Coordenadora do Ensino Fundamental do Colégio de Aplicação Pedagógica/CAP, da Universidade Estadual de Maringá para a realização do projeto com o 4º ano do ensino fundamental I. Após esse contato inicial, obteve-se a aprovação do Comitê de Ética em Pesquisa Envolvendo Seres humanos (Copep), da Universidade Estadual de Maringá, de acordo com o disposto na resolução nº 196/96-CNS/MS e complementares, na 74ª reunião do Copep em 12 de dezembro de 2003, pelo registro nº 126/2003, parecer nº 263/2008. Foi solicitado aos pais dos alunos a assinatura do termo de consentimento livre e esclarecido (Apêndice A) e o preenchimento da ficha de identificação com os dados pessoais dos alunos (Apêndice C).

Em seguida, foram aplicados o inventário de eficiência pessoal e a escala de percepção de competência em uma sala nas dependências da própria escola (CAP). A aplicação pode ser feita em pequenos grupos, com 12 a 16 alunos cada um. Após a distribuição dos questionários, leem-se as instruções de como respondê-los e são feitos esclarecimentos individuais, conforme a necessidade. Cada questão pode ser lida em voz alta, conforme sugerido pela autora da escala, para melhor compreensão das crianças. A duração da aplicação poderá ser em torno de 30 minutos para cada grupo. Pode haver o acompanhamento de quatro estagiários previamente treinados.

A aplicação do teste de coordenação motora global (KTK) pode ser realizada em um local adequado para a realização das tarefas, na sala de ginástica e jogos da própria escola (CAP). Somente a criança avaliada permanece na sala, previamente preparada, seguindo o protocolo estabelecido para o teste. Para a aplicação do teste, utilizam-se uma câmera digital, três traves de 3 m de comprimento e 3 cm de altura, com larguras de 3, 4,5 e 6 cm, com pequenos travessões de 15 x 1,5 x 5 cm fixados na parte inferior da trave, alcançando um total de 5 cm de altura; 12 blocos de espuma, cada um medindo 50 x 20 x 5 cm; uma plataforma de madeira de 60 x 50 x 0,8 cm, com um sarrafo divisório de 60 x 4 x 2 cm e um cronômetro; duas plataformas de madeira com 25 x 25 x 1,5, com quatro pés de 3,5 cm de altura.

O teste pode ser realizado individualmente, com duração de, aproximadamente, 15 minutos para cada aluno. As crianças poderão ser filmadas durante o teste por uma câmera posicionada em um dos cantos da sala. A filmagem não é obrigatória pelo protocolo do teste, mas se podem utilizar as imagens para fins de registro por segurança e eventuais necessidades. Para a aplicação do teste, há uma demonstração e uma explicação verbal da tarefa a ser realizada pelos alunos. Participam também quatro estagiários previamente treinados para auxiliar na organização do material e na anotação dos dados na ficha de coleta de dados do teste KTK.

Implementação do programa de iniciação em dança de salão na escola

As aulas de Educação Física foram ministradas às quartas e sextas-feiras no período da tarde: quarta-feira, das 13h30 às 15h10, para o 4º ano A; sexta-feira, das 13h30 às 15h10, para o 4º ano B; e das 15h10 às 17h10, para o 4º ano C. O programa de intervenção ocorreu no mesmo horário que a Educação Física, em uma sala específica para a dança de salão, enquanto a Educação Física ocorria no ginásio da escola. Foram ministradas 10 semanas com 20 horas/aula. Essas aulas foram ministradas pela própria interessada e auxiliada por um acadêmico de Educação Física, previamente treinado. As atividades foram elaboradas em ordem progressiva de dificuldade e com níveis adequados às crianças. Os ritmos escolhidos foram do menor para o maior grau de dificuldade. Todos os planos de aula encontram-se no Apêndice A).

Análise dos dados

Por se tratarem de amostras correlacionadas, nas quais existem duas medidas para um único indivíduo (no caso os períodos antes e depois da intervenção), e por se tratarem de variáveis categóricas, utilizou-se o teste de Kappa para a análise do inventário de eficiência pessoal. O coeficiente kappa, representado pela letra grega κ, indica a extensão para a qual a probabilidade observacional de concordância (Π_o) está em excesso em relação à probabilidade Π_e de concordância hipoteticamente oriunda do acaso (Landis e Koch, 1977; Agresti, 2002). Tal coeficiente é dado por:

$$\kappa = \frac{\Pi_o - \Pi_e}{1 - \Pi_e}$$

Quando Π_0 vale 1, κ assume seu valor máximo, 1, o que corresponde a uma perfeita concordância. Um coeficiente kappa igual a zero indica que a concordância é igual àquela esperada pelo acaso. Valores negativos ocorrem quando a concordância é mais fraca que a esperada pelo acaso, mas, segundo Agresti (2002), isso raramente ocorre. A análise dos dados foi feita com o *software* SAS® 9.0 pelo procedimento PROC FREQ.

Landis e Koch (1977) fornecem as seguintes categorizações para o coeficiente kappa:

Tabela 4.1 – Categorizações para o coeficiente kappa

Coeficiente kappa	**Força da concordância**
menor que zero	*poor* (pobre)
0,00 – 0,20	*slight* (desprezível)
0,21 – 0,40	*fair* (suave)
0,41 – 0,60	*moderate* (moderada)
0,61 – 0,80	*substantial* (substancial, grande)
0,81 – 1,00	*almost perfect* (quase perfeita)

Com o objetivo de comparar os grupos controle e experimental nos períodos antes e depois da aplicação do programa de iniciação em dança de salão na escola, para as variáveis de percepção de competência e KTK, foi utilizado o modelo linear de efeitos mistos (efeitos aleatórios e fixos), empregado na análise de dados em que as respostas de um mesmo indivíduo estão agrupadas e a suposição de independência entre as observações em um mesmo grupo não é adequada (Schall, 1991). Para utilizar esse modelo, é preciso que seus resíduos tenham distribuição normal com média zero e variância constante. O ajuste do modelo foi feito pelo procedimento PROC MIXED do software SAS® 9.0. Verificou-se a consistência interna pelo coeficiente alpha de Cronbach.

Com o intuito de verificar uma possível correlação entre variáveis dos questionários de percepção de competência e o teste KTK, utilizou-se o coeficiente de correlação de Pearson (Pagano e Gauvreau, 2004), denotado pela letra *r*. Este mede o grau de associação linear entre duas variáveis. O valor de *r* pode variar de –1 a 1, dependendo da relação encontrada: positivamente correlacionada (se uma variável tende a aumentar em grandeza conforme a outra variável também aumenta) ou negativamente correlacionada (se uma variável tende a diminuir conforme a outra variável aumenta). Esse procedimento foi realizado pelo *software* SAS® 9.0 utilizando a PROC CORR.

Resultados

Neste momento, são apresentados o perfil geral dos alunos de ambos os grupos para a caracterização da amostra e os resultados do inventário de eficiência pessoal, percepção de competência e coordenação motora geral.

Perfil da amostra de participantes do estudo

A amostra contou com 89 alunos, sendo 29 do 4º ano A, 30 do 4º ano B e 30 do 4º ano C. Do total de crianças, 34 são do sexo feminino (38,2%) e 55, do sexo masculino (61,8%). Desses, 36 alunos compuseram o grupo experimental (40,45%) e 53, o grupo controle (59,55%). O grupo experimental contou com 17 sujeitos do sexo feminino (47,22%) e 19 do sexo masculino (52,88%). O grupo controle contou com 17 sujeitos do sexo feminino (32,08%) e 36 do sexo masculino (67,92%) (Tabela 4.2). Com relação à idade das crianças, observou-se que 67,86% têm 8 anos, 29,76% têm 9 anos e 2,38% têm 10 anos de idade ($\bar{x}$ = 8,35 e DP = 0,53). O grupo experimental foi composto por 8 alunos (22,22%) da turma A, 15 alunos da turma B (41,67%) e 13 alunos da turma C (36,11%). O grupo controle foi composto por 21 alunos da turma A (39,62%), 15 alunos da turma B (28,30%) e 17 alunos da turma C (32,08%).

Tabela 4.2 – Frequência e percentual de alunos do sexo feminino e por grupo

Sexo	Controle		Experimental	
	n	%	n	%
Feminino	17	32,08	17	47,22
Masculino	36	67,92	19	52,78

Quanto ao local em que residem, 78,38% da amostra mora em casa e 21,62%, em apartamento, e 80,95% dos que vivem em casa tem quintal e 19,05%, não. Além disso, as crianças passam, em média, 2h30 assistindo à televisão e mais 1h30 em frente ao computador.

Verificou-se que 50% da amostra brinca na rua e 50%, não; considerando os grupos, 51,06% das crianças do grupo controle e 48,15% do grupo experimental não brincam na rua. Eis alguns motivos que os pais apresentaram para os filhos não brincarem na rua: a rua é perigosa, violenta ou falta segurança (44%); a rua é muito movimentada (29,63%); não há ninguém na rua ou mais crianças para brincar (14,81%); o(a) filho(a) brinca em outros lugares, como quadra do prédio, chácara etc. (11,11%).

Ao questionar os pais se as crianças praticam esporte fora da Educação Física Escolar, 77,03% respondeu praticar e 22,97% respondeu não praticar. Os esportes declarados foram natação (45,07%), vôlei (22,54%), futebol/futsal (19,72%), judô (4,23%), basquete (2,82%), ginástica rítmica (2,82%), caratê (1,41%) e caminhada (1,41%).

Quando analisado por grupo, verificou-se que 77,78% do grupo experimental e 76,6% do grupo controle praticam esportes e 22,22% e 23,4%, respectivamente, não praticam. Os esportes declarados para o grupo controle foram natação (42,22%), futebol/futsal (24,44%), vôlei (22,22%), judô (4,44%), ginástica rítmica (4,44%) e basquete (2,22%). Já para o grupo experimental, foram natação (52%), vôlei (20%), futebol/futsal (12%), judô (4%), basquete (4%), caratê (4%) e caminhada (4%).

Quando questionados sobre a prática da dança dentro ou fora da escola, 93,33% dos pais respondeu que seus filhos não praticam nenhum tipo de dança e apenas 6,67% respondeu que seus filhos praticam ou praticaram danças como *ballet*, *jazz* e folclore alemão.

Inventário de eficiência pessoal

As três questões feitas no início do inventário tiveram a intenção de verificar se as crianças têm ou já tiveram experiências com dança, independentemente do estilo, se sabem o que é a dança de salão, se gostariam de aprender e por quê. Os resultados do inventário visavam verificar também como as crianças percebiam suas habilidades para realizar uma atividade como a dança de salão. Foram analisadas as questões do inventário mais pertinentes com os objetivos do estudo. Algumas crianças eventualmente não responderam alguma questão ou responderam de maneira não legível. Para comparar os dados do inventário por meio do grau de concordância nas situações pré e pós-teste do grupo experimental, utilizou-se o teste kappa por se tratar de amostras correlacionadas nas quais existem duas medidas para um único indivíduo (no caso, as situações dos momentos pré e pós-teste).

Embora na ficha de identificação do aluno ter sido perguntado aos pais se os filhos praticavam ou não dança, dentro ou fora do contexto escolar, ao aplicar esse instrumento foi possível identificar como as crianças relatam suas experiências com dança. Nesse caso, os resultados do inventário de eficiência pessoal, para a questão "você já teve alguma experiência com algum tipo de dança?", evidenciaram que 44,94% da amostra nunca teve experiências com qualquer dança, 34,83% raramente as teve e 20,22% as teve sempre. Mesmo nunca tendo experiências, ao todo, 50,56% disseram que sabem e 49,44% não sabem o que é dança de salão. Provavelmente, um dos motivos para que um maior número de crianças saiba o que é a dança de salão se explica pela grande exposição dessa modalidade na mídia atualmente, graças a apresentações ou concursos televisivos, inclusive para crianças.

Com relação a essa questão, considerando-se o gênero, verificou-se que, entre as meninas, 29,41% nunca teve essa experiência; já entre os meninos, 54,55% nunca teve essa experiência. É interessante observar que, mesmo sem muita experiência com danças, a maioria dos meninos (58,18%) declarou saber o que é a dança de salão, enquanto 61,76% das meninas disse não saber. Considerando o grupo experimental, verificou-se que, no pós-teste, 53% dos alunos melhoraram seu conhecimento com relação à dança de salão. O teste kappa mostrou que houve diferença significativa entre o período antes e depois do programa de iniciação em dança de salão (K = 0,05) (Tabela 4.3).

Tabela 4.3 – Conhecimento em dança de salão do grupo experimental nos pré e pós-testes

	Grupo Experimental: pós			
Grupo Experimental: pré	Não	Sim	Total	Kappa
Não	3	18	21	0,05
Sim	1	12	13	(-0,12; 022)
Total	4	30	34	

Concordância diagonal: 44%. Acima da diagonal: 53% (melhora). Abaixo da diagonal: 3% (piora). Nota: 2 não responderam.

Apesar de que boa parte das crianças não conhecia a dança de salão antes da intervenção, quando questionadas se gostariam de aprender, 76,40% das crianças respondeu positivamente e os motivos apresentados para aprender foram diversos, tais como: por ser bonito, por ser divertido, por gostar de dançar, querer aprender porque nunca dançou ou sabe pouco, porque viu em algum programa televisivo, porque a mãe gosta, porque gostaria de aprender algo novo, por querer melhorar a coordenação motora, para dançar quando quiser, querer se exercitar, entre outros motivos. Mas, 23,60% das crianças relatou também que não gostaria de aprender dança de salão, e os motivos apresentados foram: por ser "chato", difícil, porque os meninos entendem que é uma atividade feminina, por não gostarem, por não quererem, porque não se interessam, porque já praticam muitos esportes, entre outras razões.

Quando analisado por gênero, verificou-se que 91,18% das meninas e 67,27% dos meninos gostariam de aprender a dança de salão. É interessante observar que, após a intervenção, 59% dos alunos do grupo experimental que antes não tinha interesse em aprender a dança passou a ter, enquanto para o grupo controle, essa mesma diferença de opinião foi de 21%. O teste kappa mostrou que houve diferença de opinião entre o pré e pós-teste para ambos os grupos (K = 0,04 para o grupo controle e K = 0,05 para o grupo experimental).

Outras questões do inventário relativas à habilidade para a dança de salão foram analisadas. Observando-se as Tabelas 4.4 e 4.5, percebe-se que a maioria dos meninos (43,64%) e das meninas (50%) não têm certeza sobre suas habilidades em fazer uma atividade como a dança de salão. Das crianças que afirmam não ter habilidade para realizar essa atividade, 47,06% são meninas e 38,18% são meninos. Entretanto, em relação às meninas, mais crianças do sexo masculino afirmam conseguir realizar essa atividade. Quando comparados os resultados do pré e pós-teste, para o grupo experimental, verificou-se que 59% dos alunos sentiu-se com mais habilidade para esse tipo de tarefa. Por meio do teste kappa, encontrou-se uma diferença significativa após as crianças vivenciarem as aulas de dança de salão (K = 0) (Tabela 4.6).

Tabela 4.4 – Respostas em frequência e percentual do sexo masculino para quatro questões do inventário de eficiência pessoal

Variáveis	**Habilidade para dança de salão**		**Habilidade para se movimentar no ritmo de uma música**		**Habilidade para dançar com sexo oposto**		**Habilidade para dançar com um colega da turma**	
	n	**%**	**n**	**%**	**n**	**%**	**n**	**%**
Sei que não consigo	10	18,18	6	10,91	8	14,55	4	7,27
Não tenho certeza	24	43,64	30	54,55	10	18,18	14	25,45
Sei que consigo	21	38,18	19	34,55	37	67,27	37	67,27

Tabela 4.5 – Respostas em frequência e percentual do sexo feminino para quatro questões do inventário de eficiência pessoal

Variáveis	Habilidade para dança de salão		Habilidade para se movimentar no ritmo de uma música		Habilidade para dançar com sexo oposto		Habilidade para dançar com um colega da turma	
	n	%	n	%	n	%	n	%
Sei que não consigo	1	2,94	3	8,82	7	20,59	7	20,59
Não tenho certeza	17	50	14	41,18	14	41,18	14	41,18
Sei que consigo	16	47,06	17	50	13	38,24	13	38,24

Entretanto, grande parte das crianças relatou no pré-teste que não tem certeza quanto às suas habilidades de se movimentar no ritmo de uma música (41,18% dos meninos e 54,55% das meninas). Se a música for rápida, 47,06% e 48,16% não têm certeza se conseguem. Porém, em caso de uma música lenta, 61,76% e 85,45%, respectivamente, afirmaram que conseguem se movimentar. Analisando-se os resultados por meio do teste kappa, observa-se que houve diferença significativa entre o pré e pós-teste (K = 0,12). Após o programa de iniciação em dança de salão, 35% dos alunos do grupo experimental sentiu-se mais capaz de se movimentar no ritmo de uma música, mesmo que seja rápida.

Tabela 4.6 – Comparação entre frequência de resposta do grupo experimental sobre a habilidade para praticar uma atividade com a dança de salão nos pré e pós-testes

	Grupo Experimental: pós-teste				
Grupo Experimental: pré-teste	**Sei que não consigo**	**Não tenho certeza se consigo**	**Sei que consigo**	**Total**	**Kappa**
Sei que não consigo	0	1	5	6	0,00
Não tenho certeza se consigo	1	3	14	18	(-0,15; 0,16)
Sei que consigo	1	1	8	10	
Total	2	5	27	34	

Concordância diagonal: 32%. Acima da diagonal: 59% (melhora). Abaixo da diagonal: 9% (piora). Nota: 2 não responderam.

Quando questionadas sobre se dançariam com alguém do sexo oposto e como se sentiriam ao dançar com um colega da turma da escola, verificaram-se resultados idênticos. A maioria das meninas (41,18%) disse que não tinha certeza se conseguiria dançar com alguém do sexo oposto ou com um colega, enquanto a maioria dos meninos respondeu afirmativamente (67,27%) (Tabelas 4.4 e 4.5). Quando comparados os resultados do grupo experimental pelo teste kappa, observou-se uma diferença significativa entre o pré e pós-teste (K = 0,13), pois 35% dos alunos melhorou a percepção de suas habilidades para dançar com uma pessoa de outro sexo (Tabela 4.7) e 32% sentiu-se mais capaz de dançar com um colega da turma (Tabela 4.8).

Tabela 4.7 – Comparação entre a frequência de resposta do grupo experimental em relação à habilidade dos alunos para dançar com um colega do sexo oposto nos pré e pós-testes

	Grupo Experimental: pós				
Grupo experimental: pré	**Sei que não consigo**	**Não tenho certeza se consigo**	**Sei que consigo**	**Total**	**Kappa**
Sei que não consigo	1	2	4	7	0,13
Não tenho certeza se consigo	1	3	6	10	(-0,12; 0,38)
Sei que consigo	1	3	13	17	
Total	3	8	23	34	

Concordância diagonal: 50%. Acima da diagonal: 35% (melhora). Abaixo da diagonal: 15% (piora). Nota: 2 não responderam.

Tabela 4.8 – Comparação entre a frequência de resposta do grupo experimental em relação à habilidade dos alunos para dançar com um colega da turma entre pré e pós-teste

	Grupo Experimental: pós				
Grupo experimental: pré	**Sei que não consigo**	**Não tenho certeza se consigo**	**Sei que consigo**	**Total**	**Kappa**
Sei que não consigo	0	1	5	6	0,25
Não tenho certeza se consigo	1	7	5	13	(0,01; 0,49)
Sei que consigo	1	2	12	15	
Total	2	10	22	34	

Concordância diagonal: 56%. Acima da diagonal: 32% (melhora). Abaixo da diagonal: 12% (piora). Nota: 2 não responderam.

Escala de percepção de competência

Percepções de competência são os julgamentos que o indivíduo expressa sobre suas habilidades em diferentes domínios, e cada subescala define um fator separado indicando que as crianças fazem diferenciações claras entre os domínios (Harter, 1982). Segundo a autora, crianças com mais de 8 anos, além de fazerem um julgamento discreto sobre suas competências em áreas específicas, também têm construída uma visão sobre seu autoconceito geral. A fim de comparar os grupos controle e experimental nas situações pré e pós-testes para as variáveis da escala de percepção de competência, foi utilizado o modelo linear de efeitos mistos (efeitos aleatórios e fixos).

Percepção de competência escolar

A competência escolar ou cognitiva tem ênfase no desempenho acadêmico, quando as crianças sentem que são boas em atividades escolares, que são espertas e com bom desenvolvimento em sala de aula (Harter, 1985). Observou-se que, no pré-teste, a média para a competência escolar para o grupo controle foi de 3,11 (DP = 0,56) e 3,14 (DP = 0,52) para o grupo experimental, indicando uma tendência à alta percepção de competência. No pós-teste, essa média foi de 2,95 (DP = 0,60) e 2,99 (DP = 0,68) para os grupos controle e experimental, respectivamente, sendo considerada, para ambos, uma percepção de competência moderada (Tabela 4.9). Observando-se a Tabela 4.10, verifica-se que não houve diferença significativa quando comparados os dois grupos nas duas situações, antes (p = 0,801) e depois (p = 0,739). Verificou-se, também, que houve diminuição entre as médias e uma diferença significativa entre o pré e pós-teste apenas no grupo controle (p = 0,025) (Tabela 4.10).

Tabela 4.9 – Resultados dos grupos controle e experimental no pré e pós-teste relativos à competência escolar

Grupo	Período	n	Média	DP	Mínimo	Mediana	Máximo
Controle	Pré	53	3,11	0,56	2,00	3,17	4,00
	Pós	52	2,95	0,60	1,67	3,00	4,00
Experimental	Pré	36	3,14	0,52	1,67	3,17	4,00
	Pós	33	2,99	0,68	1,00	3,00	4,00

Tabela 4.10 – Comparações da competência escolar para o grupo controle e experimental nos pré e pós-testes

Comparação	Diferença	IC (95%)		p-valor
(Pré – Pós-teste) Controle	0,17	0,02	0,32	0,025
(Pré – Pós-teste) Experimental	0,16	-0,03	0,35	0,090
(Controle - Experimental) Pré	-0,03	-0,28	0,22	0,801
(Controle - Experimental) Pós	-0,04	-0,30	0,21	0,739

Aceitação social

A aceitação social ou competência afetiva verificou se a criança considera que tem muitos amigos, se é querida e amigável, e se é importante membro na sala de aula (Harter, 1982). Verificou-se, pela Tabela 4.11, que a média da aceitação social para o pré-teste foi de 3,01 (DP = 0,53) para o grupo controle e 2,91 (DP = 0,50) para o grupo experimental, o que revela uma percepção de competência moderada. No pós-teste, a média para o grupo controle foi de 2,81 (DP = 0,57) e 2,83 (DP = 0,62) para o grupo experimental, o que também revela uma percepção de competência moderada. Observando-se a Tabela 4.12, notou-se uma diferença significativa na comparação entre o pré e pós-teste no grupo controle (p = 0,027). Não foram encontradas diferenças significativas quando comparados os grupos controle (p = 0,388) e experimental (p = 0,728), antes e depois da intervenção.

Tabela 4.11 – Resultados dos grupos controle e experimental nos pré e pós-testes relativos à aceitação social

Grupo	Período	N	Média	DP	Mínimo	Mediana	Máximo
Controle	Pré	53	3,01	0,53	2,00	2,83	4,00
	Pós	52	2,81	0,57	1,50	2,83	4,00
Experimental	Pré	36	2,91	0,50	1,33	3,00	3,67
	Pós	33	2,83	0,62	1,50	2,83	4,00

Tabela 4.12 – Comparações da variável aceitação social entre os grupos controle e experimental nos pré e pós-testes

Comparação	Diferença	IC (95%)		p-valor
(Pré – Pós-teste) Controle	0,21	0,02	0,39	0,027
(Pré – Pós-teste) Experimental	0,06	-0,17	0,29	0,585
(Controle - Experimental) Pré	0,10	-0,13	0,34	0,388
(Controle - Experimental) Pós	-0,04	-0,29	0,20	0,728

Percepção de competência atlética

A percepção de competência atlética revelou como as crianças se avaliam nos esportes e nas atividades ao ar livre, como desempenham e aprendem prontamente, e se preferem praticar a olhar os outros praticando alguma atividade (Harter, 1982, 1985). Analisando-se as Tabelas 4.13 e 4.14, verificou-se que, no pré-teste, tanto o grupo controle (2,99 e DP = 0,63) quanto o grupo experimental (2,89 e DP = 0,60) apresentaram níveis moderados de percepção de competência atlética. Valores semelhantes foram encontrados no pós-teste para o grupo controle (2,85 e DP = 0,54) e para o grupo experimental (2,74 e DP = 0,68), indicando níveis moderados de percepção de competência atlética também no pós-teste, não havendo diferenças significativas entre as médias, entre os grupos controle e experimental, e entre as situações (antes e depois da intervenção).

Tabela 4.13 – Resultados expressos em média e desvio-padrão dos grupos controle e experimental nos pré e pós-testes relativos à competência atlética

Grupo	Período	n	Média	DP	Mínimo	Mediana	Máximo
Controle	Pré	53	2,99	0,63	1,83	2,83	4,00
	Pós	52	2,85	0,54	1,83	2,83	4,00
Experimental	Pré	36	2,89	0,60	1,60	3,00	4,00
	Pós	33	2,74	0,68	1,17	2,67	4,00

Tabela 4.14 – Comparações inter e intragrupos para a competência atlética nos pré e pós-testes

Comparação	Diferença	IC (95%)		p-valor
(Pré – Pós-teste) Controle	0,15	-0,01	0,32	0,072
(Pré – Pós-teste) Experimental	0,15	-0,06	0,36	0,167
(Controle - Experimental) Pré	0,10	-0,16	0,36	0,454
(Controle - Experimental) Pós	0,09	-0,18	0,36	0,498

Valor global

O valor global indicou que as crianças gostam de si mesmas, estão felizes do modo como são, mostrando as diferenças dos indivíduos em vários domínios de suas vidas. Incluem referências a características pessoais, como ser bom, amigável e prestativo, e expressa sentimentos de autoaceitação, construindo uma imagem do seu autoconceito global (Harter, 1980; Harter, 1982; Fiorese, 1993a; Teixeira, 2008). Observando-se as Tabelas 4.15 e 4.16, verifica-se que tanto as crianças do grupo controle (3,33 e DP = 0,57) quanto as do grupo experimental (3,57 e DP = 0,43) apresentaram níveis altos de percepção de competência com relação ao autoconceito. Embora ambos os grupos apresentassem valores altos, uma diferença significativa entre os grupos foi encontrada no pré-teste (p = 0,05), mostrando que o grupo experimental apresentou valores mais altos de autoconceito (Tabela 4.16). No pós-teste, também foram encontrados valores altos para o grupo controle (3,31 e DP = 0,62) (p = 0,782) e para o grupo experimental (3,47 e DP = 0,58) (p = 0,390), não havendo diferenças significativas entre as situações (antes e depois da intervenção).

Tabela 4.15 – Resultados expressos em média e desvio-padrão dos grupos controle e experimental relativos ao valor global nos pré e pós-testes

Grupo	Período	n	Média	DP	Mínimo	Mediana	Máximo
Controle	Pré	53	3,33	0,57	2,17	3,50	4,00
	Pós	52	3,31	0,62	1,83	3,50	4,00
Experimental	Pré	36	3,57	0,43	2,67	3,67	4,00
	Pós	33	3,47	0,58	1,83	3,67	4,00

Tabela 4.16 – Comparações para o valor global para o grupo controle e experimental nos pré e pós-testes

Comparação	Diferença	IC (95%)		p-valor
(Pré – Pós-teste) Controle	0,03	-0,17	0,23	0,782
(Pré – Pós-teste) Experimental	0,11	-0,14	0,35	0,390
(Controle - Experimental) Pré	-0,24	-0,48	0,00	0,050
(Controle - Experimental) Pós	-0,16	-0,41	0,09	0,197

Teste de coordenação corporal KTK

O teste KTK (*Körperkoordinationstest für Kinder*) de Kiphard e Schilling (1974 apud Gorla, 1997), foi utilizado para a avaliação da coordenação motora global.

A fim de comparar os grupos controle e experimental nos períodos pré e pós-teste para as variáveis do teste de coordenação motora KTK, utilizou-se o modelo linear de efeitos mistos (efeitos aleatórios e fixos), já descrito anteriormente.

Tarefa trave de equilíbrio (EQ)

Verifica-se, na Tabela 4.17, que, na tarefa trave de equilíbrio, o quociente motor médio obtido no pré-teste para o grupo controle foi de 92,21 (DP = 11,12), no pós-teste, de 96,55 (DP=13,08) e, para o grupo experimental, foi de 77,42 (DP = 14,15), no pré-teste, e de 89,29 (DP = 13,96) no pós-teste. Comparando-se as situações antes e depois do programa de iniciação em dança de salão, constatou-se que tanto o grupo controle (p = 0,034) quanto o grupo experimental (p < 0,001) apresentaram uma melhora significativa para a tarefa trave de equilíbrio (Tabela 4.17). A figura de *boxplots* para melhor visualização dos resultados da tarefa trave de equilíbrio pode ser visualizada na Figura 4.1.

Tabela 4.17 – Resultados dos grupos controle e experimental relativos à tarefa trave de equilíbrio e comparações intragrupos nos pré e pós-testes

Comparação		Média	DP	Diferença	IC (95%)		p-valor
Grupo Controle	Pré	92,21	11,12	-4,49	-8,64	-0,35	0,034
	Pós	96,55	13,08				
Grupo Experimental	Pré	77,42	14,15	-11,73	-16,77	-6,69	<0,001
	Pós	89,29	13,96				
GC – GE (Pré-teste)	GC	92,21	11,12	14,64	9,05	20,22	<0,001
	GE	77,42	14,15				
GC – GE (Pós-teste)	GC	96,55	13,08	7,40	1,80	13,01	0,010
	GE	89,29	13,96				

GC: Grupo Controle. GE: Grupo Experimental.

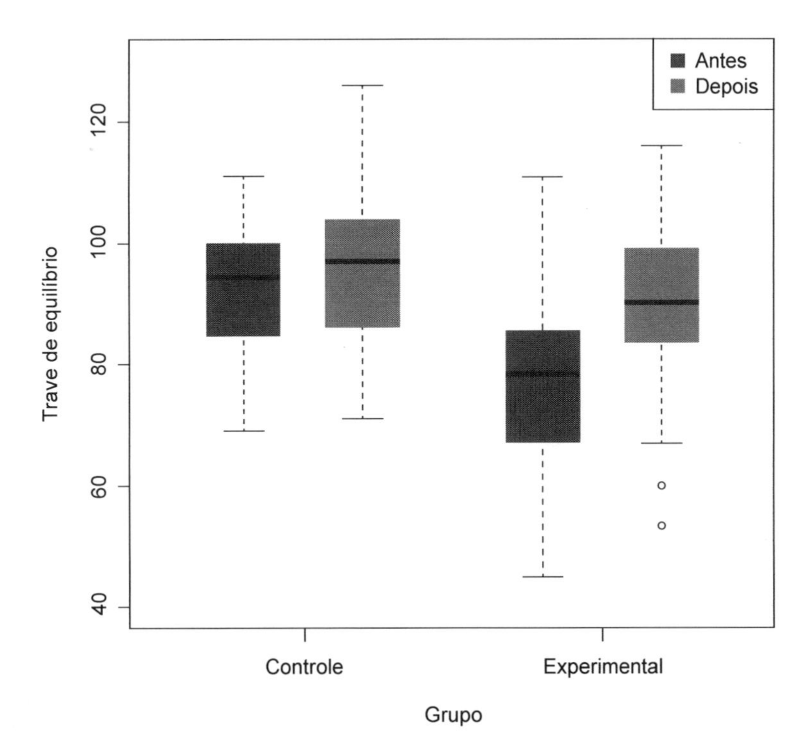

Figura 4.1 – Resultados da trave de equilíbrio para os grupos controle e experimental nos pré e pós-testes.

Tarefa saltos monopedais (SM)

Na tarefa saltos monopedais, verificou-se que a média para o grupo controle foi de QM = 99,83 (DP = 12,79) no pré-teste e QM = 96,55 (DP = 13,08) no pós-teste. Para o grupo experimental, a média no pré-teste foi de QM = 77,42 (DP = 14,15) e, no pós-teste, foi de QM = 89,29 (DP = 13,96) (Tabela 4.18). Constatou-se que não houve diferença para o grupo controle (p = 0,213) entre o pré e o pós-teste. Entretanto, o grupo experimental apresentou melhora significativa para a tarefa saltos monopedais no pós-teste (p < 0,001) (Tabela 4.18). A Figura 4.2, de *boxplots*, permite melhor visualização dos resultados da tarefa saltos monopedais.

Tabela 4.18 – Resultados dos grupos controle e experimental relativos à tarefa saltos monopedais e comparações intragrupos nos pré e pós-testes

Comparação		Média	DP	Diferença	IC (95%)		p-valor
Grupo Controle	Pré	99,83	12,79	-1,89	-4,88	1,10	0,213
	Pós	101,32	13,14				
Grupo Experimental	Pré	80,08	10,19	-7,21	-10,85	-3,57	0,000
	Pós	87,11	13,72				
GC – GE (Pré-teste)	GC	99,83	12,79	19,35	13,89	24,81	<0,001
	GE	80,08	10,19				
GC – GE (Pós-teste)	GC	101,32	13,14	14,03	8,55	19,50	<0,001
	GE	87,11	13,72				

GC: Grupo Controle. GE: Grupo Experimental.

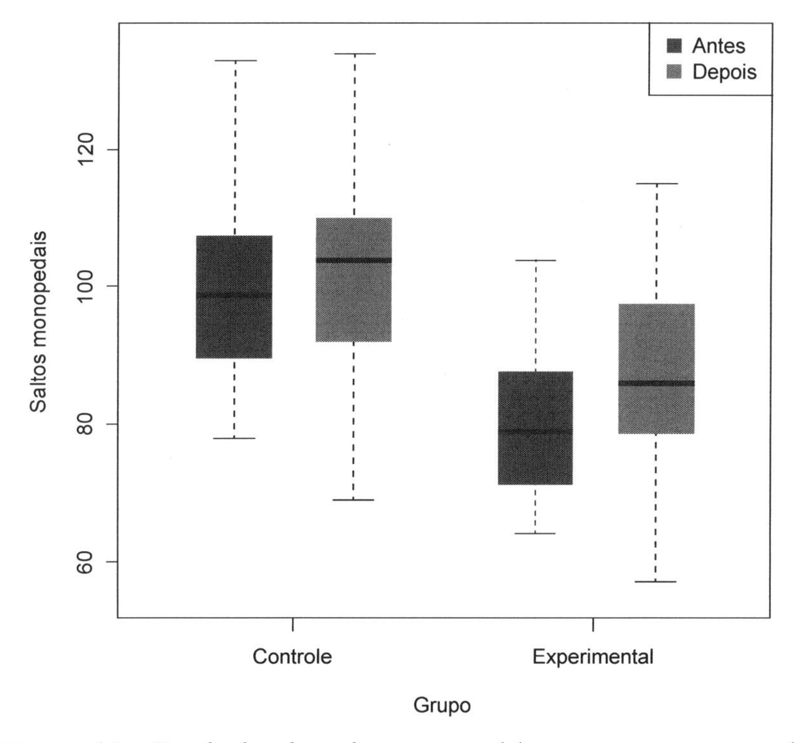

FIGURA 4.2 – Resultados dos saltos monopedais para os grupos controle e experimental nos pré e pós-testes.

Tarefa saltos laterais (SL)

Na tarefa saltos laterais, verificou-se que a média para o quociente motor do grupo controle foi de 105,90 (DP = 10,43), no pré-teste, e de 108,64 (DP = 14,21) no pós-teste. Para o grupo experimental, a média do quociente motor no pré-teste foi de 85,53 (DP = 13,36) e, no pós-teste, foi de 96,49 e (DP = 16,78) (Tabela 4.19). Constatou-se que não houve diferença para o grupo controle (p = 0,061) entre o pré e o pós-teste (Tabela 4.19). O grupo experimental apresentou uma melhora significativa para a tarefa saltos laterais no pós-teste ($p < 0,001$). A Figura 4.3 de *boxplots* permite melhor visualização dos resultados da tarefa saltos laterais.

Tabela 4.19 – Resultados dos grupos controle e experimental relativos à tarefa saltos laterais e comparações intragrupos nos pré e pós-testes

Comparação		Média	DP	Diferença	IC (95%)		p-valor
Grupo Controle	Pré	105,90	10,43	-3,00	-6,13	0,14	0,061
	Pós	108,64	14,21				
Grupo Experimental	Pré	85,53	13,36	-10,87	-14,69	-7,06	<0,001
	Pós	96,49	16,78				
GC – GE (Pré-teste)	GC	105,90	10,43	20,12	14,26	25,98	<0,001
	GE	85,53	13,36				
GC – GE (Pós-teste)	GC	108,64	14,21	12,24	6,36	18,12	<0,001
	GE	96,49	16,78				

GC: Grupo Controle. GE: Grupo Experimental.

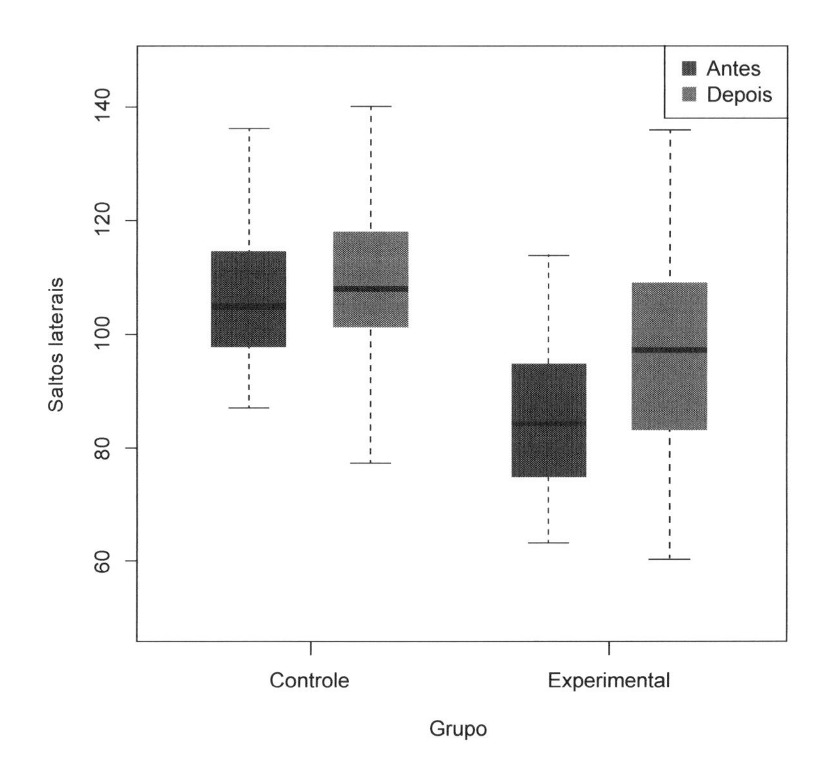

Figura 4.3 – Resultados dos saltos laterais para os grupos controle e experimental nos pré e pós-testes.

Tarefa transferências sobre plataformas

Verifica-se, na Tabela 4.20, que, para a tarefa transferências sobre plataformas, a média do grupo controle foi de QM = 89,85 (DP = 11,29) no pré-teste e QM = 89,17 (DP = 15,33) no pós-teste. Para o grupo experimental, a média no pré-teste foi de QM = 73,92 (DP = 10,86) e, no pós-teste, foi de QM = 79,71 (DP = 12,02). Constatou-se que não houve diferença para o grupo controle (p = 0,793) entre o pré e o pós-teste. Entretanto, o grupo experimental (p = 0,005) apresentou melhora significativa para a tarefa transferências sobre plataformas no pós-teste. A Figura 4.4 de *boxplots* permite melhor visualização dos resultados da tarefa transferência sobre plataformas.

Tabela 4.20 – Resultados dos grupos controle e experimental relativos à tarefa transferências sobre plataformas e comparações intragrupos nos pré e pós-testes

Comparação		Média	DP	Diferença	IC (95%)		p-valor
Grupo controle	Pré	89,85	11,29	0,45	-2,98	3,89	0,793
	Pós	89,17	15,33				
Grupo experimental	Pré	73,92	10,86	-6,01	-10,19	-1,83	0,005
	Pós	79,71	12,02				
GC – GE (Pré-teste)	GC	89,85	11,29	15,71	10,23	21,19	<0,001
	GE	73,92	10,86				
GC – GE (Pós-teste)	GC	89,17	15,33	9,25	3,75	14,75	<0,001
	GE	79,71	12,02				

GC – Grupo Controle. GE – Grupo Experimental.

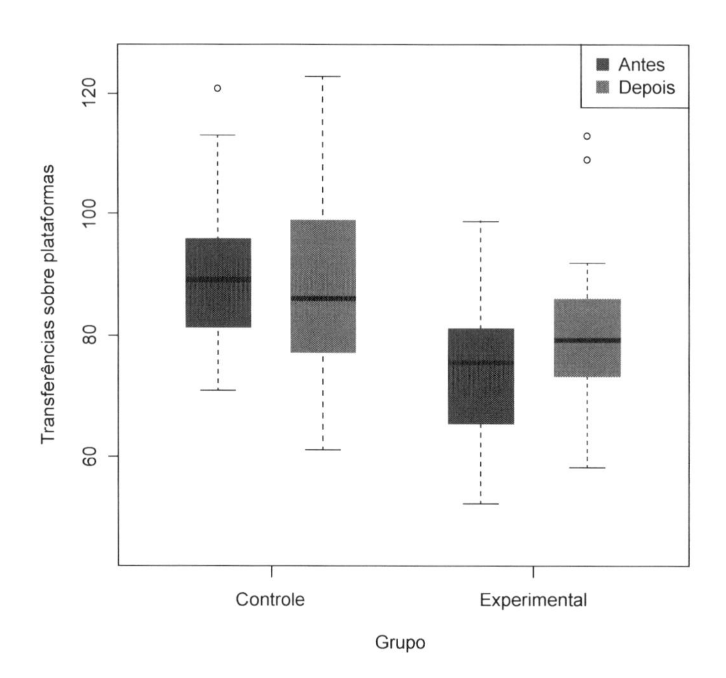

FIGURA 4.4 – Resultados das transferências sobre plataformas para os grupos controle e experimental nos pré e pós-testes.

Classificação do quociente motor e percentual

A Tabela 4.21 mostra a classificação para o quociente motor de acordo com a classificação do teste de coordenação corporal – KTK (Quadro 2.5). Os resultados mostram que no pré-teste o grupo controle obteve um valor médio de QM = 116,56 (DP = 7,43). No pós-teste, o valor médio foi de QM = 118,62 (DP = 9,73), o que indica diferença significativa entre o pré e o pós-teste ($p = 0,057$). Para o grupo experimental, a média no pré-teste foi de QM = 97,64 (DP = 6,86) e, no pós-teste, a média foi de QM = 107,43 (DP = 10,33), o que mostra diferença significativa de 9,81 pontos ($p < 0,001$).

Tabela 4.21 – Resultados dos grupos controle e experimental relativos à classificação do quociente motor do teste KTK e comparações intragrupos nos pré e pós-testes

Comparação		Média	DP	Diferença	IC (95%)		p-valor
Grupo controle	Pré	116,56	7,43	-2,32	-4,72	0,07	0,057
	Pós	118,62	9,73				
Grupo experimental	Pré	97,64	6,86	-9,81	-12,72	-6,90	<0,001
	Pós	107,43	10,33				
GC – GE (Pré-teste)	GC	116,56	7,43	18,66	14,89	22,43	<0,001
	GE	97,64	6,86				
GC – GE (Pós-teste)	GC	118,62	9,73	11,17	7,40	14,95	<0,001
	GE	107,43	10,33				

GC – Grupo Controle. GE – Grupo Experimental.

A estatística descritiva e a comparação entre o pré e o pós-teste para o resultado do teste de coordenação corporal mostraram que a média para o quociente motor em percentual, considerando ambos os grupos no pré-teste, foi de 67,88 (DP = 23,54) e, no pós-teste, foi de 77,47 (DP = 19,43), sendo a diferença entre o pré e pós-teste significativa ($p < 0,001$), indicando que 77,47% do teste foi concluído com êxito, conforme o percentual de classificação do teste de coordenação corporal KTK (Quadro 2.5).

Considerando ambos os grupos por gênero e por situação, verificou-se que a média em percentual para o quociente motor dos alunos do sexo masculino no pré-teste foi de 71,94 (DP = 21,04) e, no pós-teste, foi de 82,61 (DP = 16,73), o que mostra diferença significativa entre o pré e o pós-teste ($p = 0,001$). Para o sexo feminino, no pré-teste foi de 61,41 (DP = 26,08) e, no pós-teste, foi de 69,29

(DP = 20,82), sendo a diferença entre o pré e o pós-teste significativa (p = 0,010). Esses valores se referem ao percentual obtido no teste de coordenação corporal. Embora o objetivo não seja verificar valores separadamente por gênero, nota-se que, em ambos, houve melhoras no desempenho motor das crianças.

Observa-se, na Tabela 4.22, conforme tabela estatística do próprio teste, que o quociente motor transformado em percentual do grupo controle no pré-teste foi de 84,12 (DP = 9,49), o que representa 84,12% de realização com êxito no teste. Para o grupo experimental, o QM foi de 44,42 (DP = 16,98), o que constitui 44,42% de acertos no teste. No pós-teste, o quociente motor foi de 85,26 (DP = 13,20) para o grupo controle, 85,26% do teste foi realizado com sucesso, e o QM, para o grupo experimental, foi de 65,66 (DP = 21,47), mostrando que 65,66% do teste foi realizado com sucesso.

Tabela 4.22 – Resultados dos grupos controle e experimental relativos ao quociente motor em percentual e comparações intragrupos nos pré e pós-testes

Comparação		Média	DP	Diferença	IC (95%)		p-valor
Grupo controle	Pré	84,12	9,49	-1,72	-5,80	2,35	0,403
	Pós	85,26	13,20				
Grupo experimental	Pré	44,42	16,98	-21,29	-26,26	-16,33	<0,001
	Pós	65,66	21,47				
GC – GE (Pré-teste)	GC	84,12	9,49	39,12	32,54	45,71	<0,001
	GE	44,42	16,98				
GC – GE (Pós-teste)	GC	85,26	13,20	19,55	12,95	26,16	<0,001
	GE	65,66	21,47				

GC – Grupo Controle. GE – Grupo Experimental.

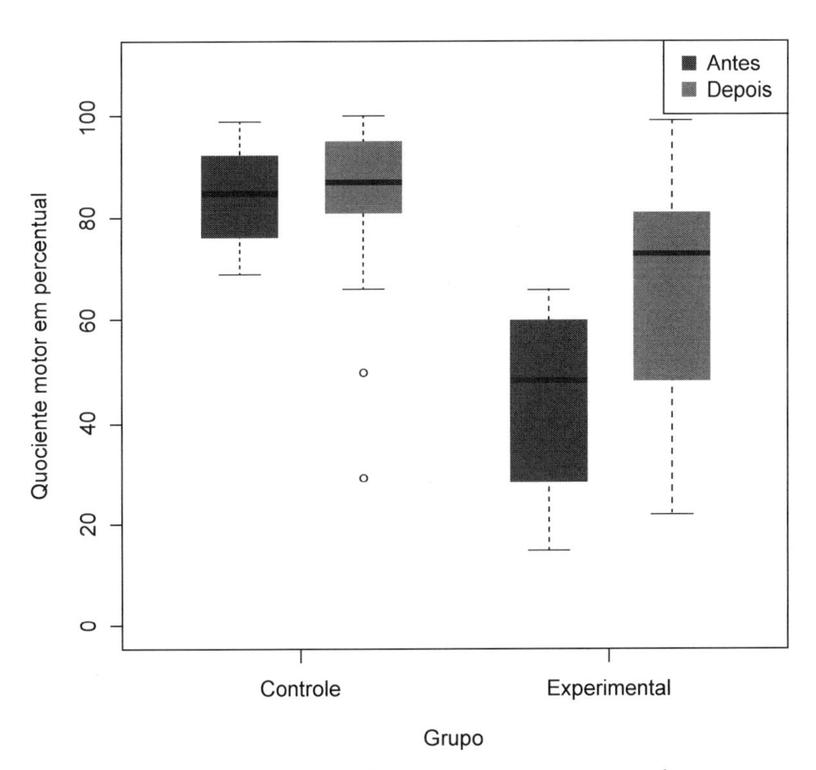

FIGURA 4.5 – Resultado do quociente motor em percentual para o grupo controle e experimental nos pré e pós-testes.

Percebe-se um aumento no quociente motor do grupo controle, não havendo, porém, uma diferença significativa (0,403), levando-se em consideração o percentual do teste. Quando comparados os valores antes e depois do programa de iniciação em dança de salão, verifica-se uma diferença significativa entre os períodos para o grupo experimental ($p < 0,001$) (Tabela 4.21). A Figura 4.5 de *boxplots* permite melhor visualização dos resultados do quociente motor em percentual.

Considerando-se a tabela de classificação normatizada para o teste KTK, por meio da análise descritiva dos dados para os grupos controle e experimental, e para as situações antes e depois do programa de iniciação em dança de salão, verifica-se, na Tabela 4.23, que as crianças do grupo controle classificaram-se como normal (42,31%), bom (53,85%) e alto (3,85%) e, no pós-teste, um grupo maior de crianças obteve a classificação alta (13,21%). Para o grupo experimental, 94,44% das crianças encontrou-se na classificação normal e 5,56%, regular, no pré-teste. Mas, no pós-teste, pode-se verificar a completa supressão dessa última classificação, havendo melhora na classificação de 17,14% para o nível bom e 2,86% para o nível alto de classificação da coordenação corporal geral. Os resultados podem ser visualizados também no Gráfico 4.1.

Tabela 4.23 – Percentual da classificação da coordenação corporal para os grupos controle e experimental em pré e pós-teste

KTK	Grupo controle				Grupo experimental			
	Antes		Depois		Antes		Depois	
	n	%	n	%	n	%	n	%
Alto	2	3,85	7	13,21	0	0	1	2,86
Bom	28	53,85	23	43,4	0	0	6	17,14
Normal	22	42,31	23	43,4	34	94,44	28	80
Regular	0	0	0	0	2	5,56	0	0

Alto; 99% a 100%. Bom: 85% a 98%. Normal: 17% a 84%. Regular: 3% a 16%. Baixo: 0% a 2% do total do teste.

Gráfico 4.1 – Percentual da classificação da coordenação corporal para os grupos controle e experimental nos pré e pós-testes

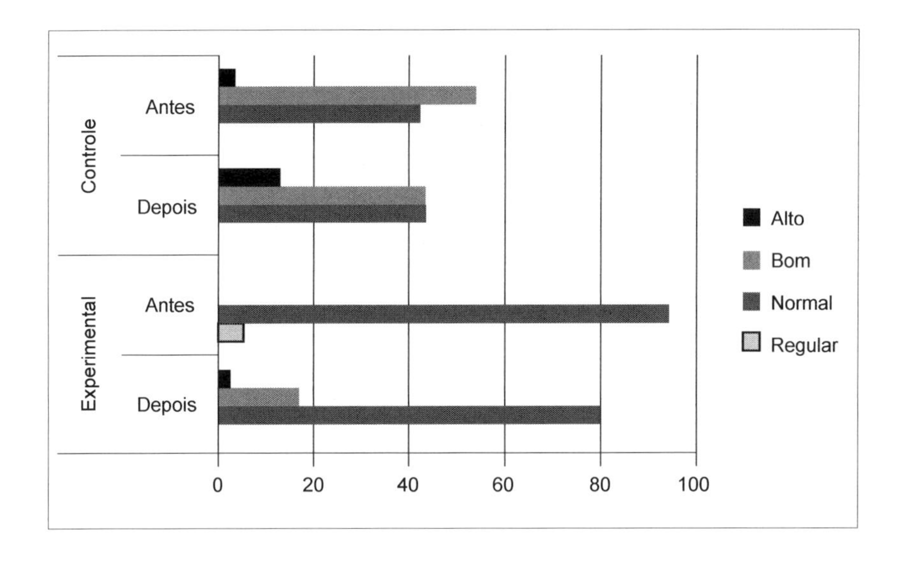

Correlações entre as subescalas de percepção de competência e o desempenho motor

Para verificar possíveis correlações entre o desempenho motor e as subescalas do protocolo de percepção de competência, foi utilizado o cálculo de correlação de Pearson. Consideraram-se as subescalas (variáveis) competência escolar, aceitação social, competência atlética e valor global, bem como o quociente motor do teste KTK, para os grupos controle e experimental. Foram consideradas as situações antes e depois da participação dos integrantes do grupo experimental

(GE) no programa de iniciação em dança de salão como pré e pós--teste. Houve uma constante busca para verificar qual a relação entre diferentes áreas da vida das crianças, ou seja, a correlação de uma subescala com outra pode mostrar quanto da percepção da criança em determinada área pode influenciar na motivação ou no sentimento de competência e felicidade em outras áreas (Soares, 2006).

Correlações grupo controle

De acordo com a Tabela 4.24, foram encontradas, no grupo controle, correlações significativas entre as subescalas de percepção de competência no pré e pós-teste. No pré-teste, verificou-se que a aceitação social correlaciona-se de maneira moderada, significativa e positiva à competência escolar (r = 0,52). Também existe correlação moderada, significativa e positiva entre as subescalas competência atlética e competência escolar (r = 0,50) e aceitação social (r = 0,55). Verificou-se que existe correlação de leve a moderada, significativa e positiva, considerando as subescalas autoconceito (valor global) e aceitação social (r = 0,33). Verificou-se, ainda, correlação leve, significativa e positiva entre o quociente motor e a percepção de competência escolar das crianças no pré-teste (r = 0,36).

Tabela 4.24 – Correlação entre as subescalas de percepção de competência e o quociente motor para o grupo controle nos pré e pós-testes

Período	Correlações	CE	AS	CA	VG	QM
Pré-teste (GC)	CE	1,00				
	AS	0,52*	1,00			
	CA	0,50*	0,55*	1,00		
	VG	0,26	0,46*	0,24	1,00	
	QM	0,36*	0,11	0,10	0,06	1,00
Pós-teste (GC)	CE	1,00				
	AS	0,53*	1,00			
	CA	0,61*	0,44*	1,00		
	VG	0,60*	0,50*	0,58*	1,00	
	QM	0,12	0,05	0,09	-0,05	1,00

CE: competência escolar. AS: aceitação social. CA: competência atlética. VG: valor global. QM: quociente motor.

*Correlação significativa $p \leq 0,05$.

No pós-teste, o grupo controle apresentou correlações de maior nível de significância em algumas subescalas. Verificou-se que a aceitação social correlaciona-se de maneira moderada, significativa e positiva à competência escolar ($r = 0,53$). A competência atlética apresentou uma correlação forte, positiva e significativa com a competência escolar (0,61) e moderada com a aceitação social ($r = 0,44$). O autoconceito (valor global) apresentou uma correlação moderada, significativa e positiva com a competência escolar ($r = 0,60$), aceitação social ($r = 0,50$) e competência atlética ($r = 0,58$). Não houve correlação entre o quociente motor com nenhuma subescala de percepção de competência das crianças no pós-teste.

Correlações grupo experimental

Verifica-se, na Tabela 4.25, que foram encontradas, no grupo experimental, correlações significativas entre as subescalas de percepção de competência nos pré e pós-teste. No pré-teste, verificou-se que a competência atlética correlaciona-se de maneira leve, positiva e significativa com a competência escolar (r = 0,38) e aceitação social (0,36). Percebe-se que o autoconceito (valor global) apresentou correlação leve, positiva e significativa com a competência atlética (r = 0,34). Não foi encontrada correlação entre o quociente motor com nenhuma subescala da percepção de competência no pré-teste.

Tabela 4.25 – Correlação entre as subescalas de percepção de competência e quociente motor para o grupo experimental nos pré e pós-testes

Períodos	Correlações	CE	AS	CA	VG	QM
Pré-teste (GE)	CE	1,00				
	AS	0,21	1,00			
	CA	0,38*	0,36*	1,00		
	VG	0,04	0,15	0,34*	1,00	
	QM	0,12	-0,27	0,03	0,06	1,00
Pós-teste (GE)	CE	1,00				
	AS	0,53*	1,00			
	CA	0,72*	0,51*	1,00		
	VG	0,56*	0,44*	0,59*	1,00	
	QM	0,13	-0,38*	-0,01	0,16	1,00

CE: competência escolar. AS: aceitação social. CA: competência atlética. VG: valor global. QM: quociente motor.

*Correlação significativa p ≤ 0,05.

No pós-teste, o grupo experimental apresentou correlações mais fortes com outras variáveis que não foram encontradas anteriormente. Verificou-se que a aceitação social correlaciona-se de maneira moderada, positiva e significativa com a competência escolar (r = 0,53). A competência atlética apresentou correlação forte, positiva e significativa com a competência escolar (r = 0,72) e moderada com a aceitação social (r = 0,51). O autoconceito (valor global) apresentou correlação moderada, significativa e positiva com a competência escolar (r = 0,56), aceitação social (r = 0,44) e competência atlética (r = 0,59). Houve correlação fraca, negativa e significativa entre o quociente motor e a subescala aceitação social no pós-teste (r = -0,38).

Considerando os resultados organizados por instrumento, bem como a complexidade do tratamento, intencionalmente em busca das possíveis correlações da influência da participação no programa de iniciação em dança de salão, a discussão guiou-se pelos objetivos e eventuais achados, esperados ou não.

Discussão

Neste capítulo, discutem-se os resultados encontrados nos instrumentos ficha de identificação do aluno, inventário de eficiência pessoal, escala de percepção de competência e no teste KTK.

Perfil amostral (pessoa, ambiente e experiência)

Para a identificação do perfil da amostra, consideraram-se os aspectos individuais, ambientais e de experiências motoras, tais como: a criança possui espaço livre para brincar? Como a criança gasta o seu tempo livre? Ela pratica esportes ou dança fora da Educação Física Escolar? Para isso, levou-se em consideração a opinião dos alunos, bem como dos pais ou responsáveis.

Identificação do aluno

Entre as variáveis ambientais que podem influenciar o desenvolvimento motor, considera-se o local em que a criança costuma brincar, a área livre disponível e o número de horas que gasta em frente ao computador e assistindo à televisão. Neto et al. (2004) discorrem sobre a importância das diversas experiências motoras para a criança em processo de desenvolvimento, que devem estar presentes no dia a dia delas, por meio de qualquer atividade corporal, seja em casa, na escola ou nas brincadeiras, especialmente no período de aquisição e combinação das habilidades motoras. Os resultados apresentados neste livro, considerando a amostra, revelam que 50% das crianças brinca e 50% não brinca na rua. Esses dados parecem ainda diferentes da realidade contemporânea que, conforme se observa, restringe e delimita os espaços destinados para brincar. Essas crianças ainda contam com o quintal de casa (80,95%) e a própria rua, apesar de muitos pais entenderem ser perigoso. Isso pode compensar as horas gastas em média com televisão (2h30min) e computador (1h30min).

Resultados diferentes foram encontrados, no estudo realizado por esses autores, com 80 estudantes, entre 6 e 7 anos, dos quais menos de 10% apontam a rua como local que mais brincam. No entanto, a maioria deles gasta de 1 a 2 horas assistindo à televisão e até 1 hora em frente ao computador. Resultados diferentes também foram encontrados por Fonseca, Beltrame e Tkac (2008) com 34 crianças da educação infantil e ensino fundamental I, entre 6 e 9 anos de idade, quando verificaram que a maioria das crianças brinca dentro de casa (52,9%), 38,3%, no jardim ou quintal, 5,9% possuem *playground* para brincar (no caso de quem mora em apartamento), e apenas 2,9% brincam na rua. Para Zajonz, Müller e Valentini (2008), as mudanças na habilidade em geral que ocorrem durante toda a vida estão relacionadas à idade, mas o ambiente também pode influenciar. Em um estudo realizado por esses autores com crianças da periferia de Porto Alegre, concluiu-se que fatores ambientais desfavoráveis podem estar relacionados a atrasos no desenvolvimento motor. Entretanto, ambiente e estímulos adequados favorecem o incremento de habilidades motoras.

Segundo Ulrich (2007), em determinado nível, pode-se dizer, razoavelmente, que todos os fatores afetam o comportamento motor, uma vez que os resultados motores emergem da confluência de fatores múltiplos, intrinsecamente relacionados ao organismo (como força muscular, nível de estimulação, experiências), relacionadas ao contexto (brincar em um quintal, campo ou superfície rígida, com instrumentos manipuláveis) e à meta particular (mover-se de um local a outro, escolher melhorar em energia/poder ou precisão, ou em ambos). São fatores que levam as pessoas que desejam intervir ou facilitar a aquisição de uma habilidade a pensar que estão ocorrendo limitações ou oportunidades para se incluírem mudanças. Sendo assim, para intervir, poderão reconhecer a influência desses fatores nas interações entre a família, o contexto e a criança. Isso mostra que as crianças da amostra possuem, em sua maioria, ambiente favorável e oportunidades de diversificar suas brincadeiras e atividades em seus tempos livres, o que é muito importante para o desenvolvimento motor na faixa etária em que se encontram.

Esporte extraescolar

Observou-se que a maioria das crianças da amostra tem oportunidades de praticar esportes ou outras atividades físicas fora do contexto escolar, talvez por encorajamento dos próprios pais, que permitem que seus filhos realizem essas atividades, tornando o ambiente favorável para um bom desenvolvimento motor. Segundo Gallahue (2005), o esporte permite que crianças no estágio de transição (7-8 a 11-12 anos) aprimorem suas habilidades, mas não somente em esportes competitivos. Atividades não competitivas e de lazer, como corrida, caminhada e dança, são benéficas para promover o aprimoramento.

Fonseca, Beltrame e Tkac (2008) verificaram que a quantidade de atividades físicas fora do contexto escolar pode ter influenciado o nível motor das crianças por eles estudadas, pois, como concluíram, a análise da influência dos contextos de desenvolvimento nos quais o indivíduo está inserido é inerente ao estudo do desenvolvimento motor. Verificaram, assim, que das crianças que praticavam modalidades similares como natação (30%), futebol/futsal (19,5%), *ballet* (6,5%) e outras práticas (corrida etc.), apenas 6,5% não praticava nenhuma atividade fora do período escolar, diferentemente dos valores encontrados na amostra deste livro, em que 22,97% das crianças não pratica nenhum esporte fora do contexto escolar.

Em uma pesquisa realizada por Sartori e Nasser (2005), cujo objetivo era investigar o impacto de um projeto de esportes no desenvolvimento de seus participantes em uma comunidade do município de São José/SC, os resultados mostraram que a interação das crianças no ambiente desencadeou motivação para que permanecessem engajadas no projeto, e, em razão dessa interação, ocorreu maior participação em atividades esportivas em outros contextos. Além disso, potencializou-se o aumento de disposição e motivação das crianças para realizarem outras atividades, favorecendo a aprendizagem e o desenvolvimento no ambiente escolar. Com a dança de salão, os resultados desses autores sugerem que um programa com base no esporte tem potencial para estimular mudanças em diversos aspectos do desenvolvimento físico, motor, social, cognitivo e emocional de seus participantes e, também, de seus familiares, dos colegas, dos professores, da escola e de toda comunidade, servindo como um contexto para potencializar o desenvolvimento humano.

Manifestação dos pais

Percebe-se que a maioria dos alunos da amostra deste livro não pratica dança de maneira regular e sistematizada, e as crianças que praticam o fazem fora do contexto escolar, dadas modalidades referidas (*ballet*, *jazz* e folclore alemão). Isso ocorre, especialmente, em razão do que afirma Brasileiro (2002-2003, p. 46): "a dança é descontextualizada da discussão acerca da seleção cultural, realizada pelos currículos escolares", isso, segundo Volp (1994), inexiste nas instituições de ensino.

Para Brasileiro (2002-2003) e Volp (1994), somente em processos recentes a dança veio inserir-se como conteúdo e prática pedagógica sistematizada nos currículos escolares, porém, predomina como atividade extracurricular no ensino fundamental do Brasil. Reduzem-se a aulas esporádicas, voltadas para o folclore ou com o intuito de participação em datas comemorativas. Enquanto isso, a dança se prolifera em clubes, academias ou nas ruas, carecendo de processos didático-pedagógicos e de um corpo sólido de conhecimentos histórico, estético, técnico que a caracteriza.

Inventário de eficiência pessoal

Interesse em aprender dança de salão

Observa-se nos resultados que o sexo feminino apresentou mais vontade de aprender a dançar que o masculino. Com base em Brasileiro (2002-2003, p. 48), é possível afirmar que esses dados refletem "questões estruturais de conhecimento e de aceitação por parte dos alunos, especialmente pelo sexo masculino", o que contribui como argumento para a inexistência da dança nas aulas de Educação Física.

Esse contexto envolve as restrições do ambiente (restrições do ambiente, do indivíduo e da tarefa do modelo de Newell, 1986), que podem ser físicas ou, no caso, socioculturais. Assim, perpassam a valorização diferenciada da participação de meninos e meninas em atividades físicas ou esportivas, características de determinada cultura (Valentini e Petersen, 2008).

Entretanto, um número bastante expressivo de meninos na amostra deste livro demonstrou interesse em aprender a dança de salão, podendo estar relacionado à grande exposição dessa modalidade na mídia nos últimos cinco anos, conforme já se observou. No entanto, os dados corroboram os resultados encontrados por Maia et al. (2008), em um estudo realizado com 39 crianças entre 10 e 13 anos, de ambos os sexos, cujo objetivo foi avaliar o nível de percepção da eficiência pessoal da habilidade para dançar a modalidade de dança de salão em crianças do 6º ano, de ambos os sexos. Verificou-se que o sexo feminino (77,78%), em relação ao masculino (50%), gostaria mais de aprender dança ou, especificamente, dança de salão. Ainda que o número de meninos seja expressivo, parece ser quase sempre inferior ao de meninas, como na amostra deste livro (91,18% de meninas e 67,27% de meninos).

Em outro estudo realizado por Maia e Pereira (2008b), com 77 crianças entre 10 e 13 anos, o objetivo era comparar o nível de percepção da eficiência pessoal da habilidade para dançar a modalidade dança de salão em crianças dos 6º e 7º anos, de ambos os sexos. Verificou-se que, no 6º ano, 77,78% das meninas e 50% dos meninos gostariam de aprender, enquanto no 7º ano 72,22% das meninas e apenas 15% dos meninos gostariam de aprender. Concluiu-se, naqueles estudos, que é possível que, quanto mais cedo as crianças tiverem experiências com dança, mais possam gostar e se sentir capazes de realizar atividades relacionadas à música, ao ritmo e, especificamente, à dança de salão. Por isso, de acordo com os autores, é importante oferecer essa modalidade na escola, o mais cedo possível, para que os alunos sintam-se capazes de praticá-la e possam conhecer melhor esse tipo de dança, especialmente os meninos. Observou-se também que, após o programa de intervenção apresentado neste livro, os alunos do grupo experimental tiveram o interesse aumentado em aprender dança de salão, resultados esses que reforçam a importância da experiência, do encorajamento e da própria prática para melhorar a motivação e a predisposição para a dança de salão ou por qualquer outra atividade.

Habilidades para dança de salão

Uma melhor percepção das habilidades para realizar uma atividade como a dança de salão, verificada no pós-teste para o grupo experimental, pode-se justificar pelo fato de que vivenciar e ter experiência com uma atividade diferente mostre aos alunos que ela não é tão difícil quanto julgavam. Entretanto, de acordo com Maia et al. (2008), observou-se também que as crianças do sexo feminino são mais otimistas com relação a sentirem-se capazes de realizar essa modalidade. Para levar as crianças a se engajarem em uma atividade, é importante uma percepção positiva, ou seja, que se sintam capazes de realizar para que possam sentir capacidade de praticar. Para que possam conhecer melhor esse tipo de dança, seria importante oferecer essa modalidade na escola, especialmente aos meninos. Esses dados refletem também a importância de o professor adequar algumas tarefas às possibilidades dos alunos. Caso contrário, conforme Volp (1994), pode-se levar o aluno ao tédio ou à frustração por não conseguir realizar.

Em estudo realizado por Volp, Oliveira e Deutsch (2005) com 22 alunos, com idade média de 16 anos, iniciantes em um curso de dança de salão, no qual se avaliou o ritmo por meio de um metrônomo em três velocidades diferentes (64, 120, 184), verificou-se que os jovens reproduziram mais fidedignamente o ritmo moderado, possivelmente por influência de um curso de dança de salão, na percepção e na reprodução de um ritmo. Segundo as autoras, ao contrário do senso comum de que o ritmo lento é mais fácil para iniciantes, esse ritmo exige controle dos movimentos, equilíbrio e coordenação. Já o ritmo rápido exige agilidade e coordenação, tornando-se difícil para quem ainda não domina o movimento. Percebe-se que os alunos da amostra deste livro sentiram-se mais capazes de se movimentar em um ritmo lento de acordo com suas percepções subjetivas e com o que se acredita normalmente; porém, ao contrário dos resultados encontrados na prática, em que os movimentos lentos são difíceis de controlar por exigir constante equilíbrio e controle corporal, no inventário, o ritmo moderado não foi contemplado como questão. O estudo das referidas autoras sugeriu que seria ideal ensinar movimentos em um andamento moderado. Isso determinou a escolha do merengue para dar início à dança de salão no programa que se propôs.

Dançar com o sexo oposto

Observou-se pelos resultados que os meninos sentem-se mais capazes de dançar com uma pessoa do sexo oposto e, também, com um colega da turma da escola, enquanto a maioria das meninas não tem certeza se conseguem. Verificou-se que as meninas da amostra deste livro demonstravam mais resistência em dançar com os meninos e preferiam dançar entre elas. Isso corrobora os resultados encontrados por Volp (1994), em um estudo realizado com jovens entre 14 e 15 anos, em que as meninas também preferiam dançar entre elas. De acordo com Vargas (2005), dançar ao mesmo ritmo com um amigo ou uma amiga, brincar, dar as mãos, pegar nos ombros, atividades presentes na dança de salão, podem favorecer de maneira saudável a educação sexual. Nessa fase, ainda é bastante difícil a interação e a socialização entre os gêneros. Mesmo assim, o grupo que vivenciou a dança de salão sentiu-se mais capaz de vencer essas barreiras da idade, mostrando diferença significativa no pós-teste. Diferentes resultados foram encontrados em um estudo realizado por Maia et al. (2008)

com alunos do 6º ano, em que a maioria das meninas (59,26%) e 33,33% dos meninos afirmaram conseguir dançar com um colega da sua turma da escola, e 50% dos meninos e 44,4% das meninas responderam conseguir dançar com alguém do sexo oposto.

Escala de percepção de competência

Competência escolar

As crianças da amostra deste livro apresentaram níveis classificados como alto e moderado de percepção de competência escolar, no pré e no pós-teste, respectivamente, com diferença significativa apenas no grupo controle. Podem-se entender esses valores pelo fato de as crianças do grupo controle não terem sido "escolhidas" para fazer parte do grupo que participaria do programa de iniciação em dança de salão, e, segundo o critério do estudo, fizeram parte do grupo experimental apenas os alunos que obtiveram resultado abaixo da média no teste motor KTK. Esse critério não foi revelado para as crianças. Embora as que fizeram parte do grupo controle tenham obtido valores acima da média no teste motor, elas não se sentiram "premiadas" a fazer parte do programa de intervenção. Segundo Harter (1980), no domínio cognitivo, as crianças ainda estão muito sintonizadas com os valores da cultura escolar que premia bons resultados e elas sabem que, para a nossa cultura, é significativo o sucesso escolar (Vieira, Vieira e Krebs, 1997). Mesmo assim, valores altos e moderados de percepção de competência escolar indicam que as crianças da amostra deste livro se veem como competentes no desempenho escolar, em atividades intelectuais e sentem-se espertas nos trabalhos em sala de aula.

Em um estudo realizado por Buzzo (2009) com 581 crianças entre 7 e 10 anos, da rede pública de ensino da cidade de Maringá, verificou-se a prevalência de alta percepção de competência escolar entre as idades de 8 a10 anos. No estudo realizado por Oliveira (2007) com 73 estudantes de 12 a 14 anos, de ambos os sexos, praticantes ou não de esportes da cidade de Maringá, encontraram-se valores moderados de competência escolar, valores semelhantes aos encontrados neste livro.

Em estudo realizado por Marroni (2009) com crianças de 7 a 10 anos, participantes de um programa de intervenção motora de tecido circense (aparelho proveniente das inovações do circo contemporâneo), não foram encontradas diferenças significativas nos níveis de percepção de competência cognitiva após o período de intervenção. Teixeira (2008) realizou um estudo com 75 crianças de 8 a 10 anos, de ambos os sexos, da rede pública de ensino, participantes de um programa de intervenção motora centrado na natação, em que também não se verificou diferenças significativas na competência escolar após o período de intervenção em ambos os grupos que praticaram duas ou três vezes semanais, mantendo níveis moderados antes e depois da intervenção. Esses resultados corroboram os deste livro, e não foram encontradas diferenças significativas para a percepção de competência escolar, após o programa de iniciação em dança de salão.

Aceitação social

Os resultados da percepção de competência para a aceitação social revelaram nível moderado nos dois grupos do estudo em pré e pós-teste. O grupo controle, porém, apresentou redução significativa no pós-teste. Esse resultado pode ser atribuído ao fato de que "a interação social é um fator que influencia a percepção de competência, ao ponto que muitas vezes as mudanças nas percepções de competência das crianças são associadas às percepções de competência dos amigos" (Altermatt e Pomerantz, 2003 apud Villwock e Valentini, 2007, p. 245). Nesse caso especificamente, as crianças que fizeram parte do programa de Educação Física podem ter se sentido menos aceitas que as do grupo experimental.

Para Vargas (2005), o movimento e, por consequência, a dança, como fonte de prazer e comunicação, pode ajudar a equilibrar as carências afetivas e de relacionamento social. Provavelmente por esse motivo, as crianças que participaram do programa de iniciação em dança de salão não apresentaram diferenças significativas no pós-teste, mantendo níveis moderados para a aceitação social. Ávila, Araújo e Nunomura (2005) realizaram um estudo para analisar alguns dos contributos da dança para o desenvolvimento motor de 40 crianças de ambos os sexos, dos 1º e 2º ciclos do ensino básico do distrito de Viseu/Portugal. Verificaram que, após 3 meses com duas aulas semanais, as aulas de dança contribuíram para melhorar a relação com os colegas. De acordo com um estudo realizado por Campeiz e Volp (2004) e Paiva, Oliveira e Volp (2006), entendeu-se que a dança de salão e as combinações das habilidades motoras básicas com as diversas dinâmicas dos fatores de movimentos, podem influenciar, entre outros fatores, as relações interpessoais.

Dessa maneira, o programa de iniciação em dança de salão parece ter contribuído para as crianças da amostra deste livro continuarem sentindo-se bem-aceitas e entre amigos.

Em estudos realizados por Marroni (2009), também não foram encontradas diferenças significativas na percepção da aceitação social em crianças praticantes de tecido circense, após o período interventivo, nem em estudos realizados por Teixeira (2008), no qual, em ambos, as crianças mantiveram valores moderados de aceitação social, mesmo depois do período de intervenção, semelhante aos resultados deste livro. Entretanto, para Valentini e Toigo (2006), é importante ressaltar que as mudanças em diferentes domínios do comportamento são inter-relacionadas em essência. Sendo assim, o aumento da atividade física incide diretamente no aumento das relações sociais.

Por meio das aulas de Educação Física ou de dança de salão, as crianças podem construir relações sociais e aprender comportamentos e valores pessoais, a fim de desenvolver, ao longo da vida, a socialização como um processo de interação social e, também, desenvolver habilidades sociais que ajudem a enfrentar construtivamente os problemas sociais que garantam a sua participação com sucesso na sociedade.

Competência atlética

Os resultados para a competência atlética mostram como as crianças se avaliaram moderadamente bem nos esportes ou em atividades ao ar livre, em pré e pós-teste. Segundo Gallahue e Ozmun (2003, p. 389), "a noção de competência motora tem implicações significativas para as crianças a partir da 3ª série". O valor moderado de competência atlética, encontrado na amostra deste livro, indica que as crianças sentem que se saem relativamente bem em atividades físicas e, provavelmente, preferem praticar a observar os outros praticando, pois a maioria delas pratica algum esporte (77,03%) fora do contexto escolar.

Porém, o valor encontrado pode ter sido considerado moderado, pelo fato de as crianças terem poucas oportunidades de vivenciar experiências com dança e, especificamente, com dança de salão. Em um estudo realizado por Oliveira (2007) com 73 crianças de ambos os sexos, com idade entre 12 e 14 anos, encontraram-se valores moderados de competência atlética em indivíduos praticantes de atividades esportivas e índices baixos em não praticantes. Mas, de uma maneira geral, para o grupo estudado pelo autor, a percepção de competência atlética apresentou níveis menores que em outras subescalas. Segundo Buzzo (2009), as percepções de competências tendem a ser mais realistas com o decorrer da idade. Em seu estudo, verificou-se que a percepção de competência de crianças de 8 a 10 anos foi moderada. Estas se mostraram mais precisas e com um julgamento mais adequado do desenvolvimento motor que crianças mais jovens. Esses resultados corroboram os encontrados neste livro.

Outros resultados também mostraram valores moderados de competência atlética semelhante aos deste livro. Soares (2006) avaliou 74 crianças de 10 a 12 anos praticantes de basquete e encontrou valores moderados para a percepção de competência atlética, mas inferiores às outras competências, possivelmente por falta de oportunidade ou de encorajamento e da interferência de pais, professores e técnicos. Embora as crianças da amostra deste livro tenham obtido valores moderados, esses foram semelhantes aos das outras subescalas.

Outros estudos confirmam esses resultados. Villwock e Valentini (2007) realizaram um estudo com 298 crianças entre

8 e 10 anos, no qual foram, também, encontrados níveis moderados de competência atlética, mas com diferenças significativas entre os gêneros. Gallahue e Ozmun (2003) afirmam que a habilidade atlética é um objetivo extremo para vários meninos. Já as meninas têm percepções menos positivas que os meninos de suas competências físicas. Silva (2009), em um estudo realizado com 481 estudantes entre 8 e 10 anos da rede pública de ensino da cidade de Maringá/PR, encontrou valores moderados para o sexo feminino e altos para o sexo masculino. Embora, neste livro, não se visou verificar as diferenças entre os gêneros, é interessante ressaltar que essa diferença, conforme Valentini e Toigo (2006), ocorre em virtude da cultura ocidental de nossa sociedade, que faz os meninos serem mais incentivados a prática de atividades motoras amplas. Para Villwock e Valentini (2007), níveis moderados de percepção de competência podem ser explicados em razão da falta de oportunidade de participar de atividades físicas diversificadas, pois as experiências motoras determinam a competência em uma relação positiva: quanto mais atividades realizarem, mais competentes se tornarão.

Resultados encontrados por Marroni (2009), diferentes dos encontrados neste livro, mostraram que, após um período de 16 semanas de intervenção em tecido circense, houve uma diferença significativa na percepção de competência atlética das crianças. Entretanto, nos estudos realizados por Teixeira (2008), valores moderados de percepção de competência atlética foram mantidos, mesmo depois da intervenção, como ocorreu na amostra deste livro.

Outro fator importante é o apoio de adultos significantes, como pais e professores, por meio de *feedback* positivo e do encorajamento. Entretanto, resultados encontrados por Vieira, Vieira e Krebs (1997), com 434 crianças de 8 a 14 anos da rede estadual e particular de ensino de Maringá/PR, revelaram que as crianças de ambos os sexos apresentaram valores baixos para a competência atlética. Esse julgamento para a prática de novas atividades motoras pode estar relacionado à falta de oportunidade, instrução e encorajamento, supondo-se que, mesmo obtendo níveis moderados de competência atlética, as crianças da amostra deste livro, possivelmente, necessitam de maior oportunidade de prática de atividades relacionadas ao ritmo e à música, como a dança de salão, principalmente na escola, e de maior encorajamento por parte dos professores e dos pais.

Valor global

Os resultados altos no valor global encontrados neste livro indicam que as crianças gostam de si mesmas como pessoas, estão felizes do modo como são, mostrando as diferenças dos indivíduos em vários domínios de suas vidas. As crianças incluem referências a características pessoais, como serem boas, amigáveis, prestativas e expressam sentimentos de autoaceitação, construindo uma imagem de autoconceito global e influenciando a maneira como elas veem o mundo (Harter, 1980, 1982; Fiorese, 1993a; Teixeira, 2008; Gallahue e Donnelly, 2008). Valores altos de autoconceito, especialmente das crianças do grupo experimental, revelam, segundo Harter (1982), que elas estão seguras de si mesmas e se sentem como pessoas boas. Na amostra deste livro, não se verificou melhoras nos níveis de autoconceito global após o programa de iniciação em dança de salão, nem no grupo controle. Godinho et al. (1999), porém, afirmam que as diferenças individuais justificam adaptações no processo de aprendizagem, levando-se em consideração as capacidades, os objetivos e o autoconceito de cada indivíduo, além de outros aspectos. Sendo assim, entende-se que as crianças da amostra deste livro sentem-se bem, são felizes consigo mesmas e veem o mundo de uma maneira positiva.

Paiva, Oliveira e Volp (2006) explicam que, pela dança e pelo uso de movimentos corporais, podem-se melhorar o autoconceito e a autoestima. Em um estudo realizado por Burgess, Grogan e Burwitz (2006), no qual investigaram o efeito de 6 semanas de dança aeróbica em 50 garotas adolescentes britânicas entre 13 e 14 anos, verificaram que a duração da intervenção foi suficiente para produzir mudanças sustentáveis no autoconceito, na autoimagem e no autoconceito físico. Segundo Paiva, Oliveira e Volp (2006), o autoconceito ou a consciência dos aspectos positivos que um indivíduo possui deriva do social e de uma disposição mental visual, ou seja, da maneira como os indivíduos se veem mentalmente, e tem exercido um papel importante na explicação do comportamento humano. Conforme Valentini (2008), a estruturação do autoconceito durante a infância está diretamente ligada ao julgamento que a criança faz de suas habilidades nos diferentes domínios (motor, afetivo-social e cognitivo) ou a percepção de competência, bem como a autoconfiança em realizar uma atividade, por exemplo, a dança de salão.

Coordenação motora

Trave de equilíbrio

A tarefa da trave de equilíbrio é realizada em marcha ré, necessitando de grande equilíbrio dinâmico. Segundo Gallahue e Donnelly (2008), tarefas assim visam manter o equilíbrio contra a força da gravidade. Além disso, habilidades locomotoras e manipulativas envolvem em todo movimento um elemento de equilíbrio. Estabilidade e equilíbrio são elementos essenciais em muitas atividades físicas (Haywood e Getchell, 2004). A melhora apresentada pelo grupo experimental após o programa de iniciação em dança de salão pode dever-se ao fato de que, nessa modalidade, todos os movimentos em deslocamento que são executados para frente, normalmente, são executados para trás, como também exige a manipulação do corpo do parceiro por meio da condução, o que implica ajustar posições em equilíbrio.

Segundo Gallahue e Donnelly (2008), no domínio psicomotor, todas as formas de dança e, especificamente, a dança de salão, proporcionam melhoras no equilíbrio. O equilíbrio e o controle postural são os elementos principais para um bom desempenho em esportes (Wolff et al., 2008), sendo essencial para a coordenação motora (Gorla e Araújo, 2007).

Vargas (2005) comenta que a dança pode contribuir para o aprimoramento do equilíbrio e da orientação espacial. Em um estudo realizado por Caetano, Silveira e Gobbi (2005) com 35 crianças entre 3 e 7 anos, em um intervalo de 13 meses, verificou-se que o desempenho motor nas tarefas de equilíbrio melhorou em todas as faixas etárias. Outro estudo, realizado por Bessa e Pereira (2002) com 360 crianças, entre 4 e 6 anos, de duas escolas municipais do Rio de Janeiro e de Duque de Caxias, revelou que os meninos foram mais hábeis nas atividades de equilíbrio e as meninas tiveram melhor desempenho em atividades que envolveram a coordenação motora. Dessa maneira, esses resultados corroboram os encontrados na amostra deste livro, mostrando que, possivelmente, tanto as aulas de Educação Física quanto as aulas de dança influenciaram na melhora de maneira significativa sobre o equilíbrio dos alunos.

Estudos realizados por Sebastião et al. (2008) com 21 mulheres acima de 50 anos (61 e DP = 7,12 anos), participantes de um programa de atividade física para terceira idade na modalidade dança, oferecido pelo Departamento de Educação Física do Instituto de Biociências da UNESP de Rio Claro, indicaram a manutenção no equilíbrio dinâmico após 4 meses de prática. Coelho, Quadros Júnior e Gobbi (2008) encontraram melhoras significativas nos níveis de agilidade e equilíbrio dinâmico em mulheres de 50 a 80 anos (62,28 e DP = 6,93 anos), praticantes de um programa de dança, possivelmente pelo fato de que a dança exige mudanças rápidas de direção em seus movimentos e/ou da altura do centro de gravidade, o que demanda manutenção e/ou recuperação do equilíbrio. Embora realizado com uma população com mais de 50 anos, esses dados mostram que a dança, de um modo geral, pode contribuir na qualidade do desempenho motor ao longo da vida.

Saltos monopedais

A tarefa de saltos monopedais avalia a energia dinâmica dos membros inferiores. Se a força não for suficientemente desenvolvida, a coordenação tende a fracassar (Gorla e Araújo, 2007). O programa de iniciação em dança de salão parece ter contribuído de maneira significativa para o aumento da força dos membros inferiores, como demonstraram os resultados, provavelmente por dispor de movimentos repetitivos e na ponta dos pés existente em algumas danças, que exigem força dos membros inferiores pela elevação do peso do corpo como, o passo "cacau" do forró (passo realizado elevando-se o peso do corpo sobre um dos pés, que deve estar em meia-ponta).

Estudos realizados por Silva (2006), cujo objetivo era avaliar a coordenação motora, pelo teste KTK de crianças de 7 e 8 anos do sexo masculino, praticantes e não praticantes de atividade física (futsal), além das aulas de Educação Física, verificaram que houve diferenças significativas ($p < 0,0001$) entre os grupos para todas as tarefas, inclusive os saltos monopedais, mostrando que oportunidades motoras, além das ambientais, podem contribuir para a aquisição da coordenação motora, graduando qualitativamente o desenvolvimento motor. A dança de salão oportunizou a prática de movimentos locomotores diversificados, pois, como referem Gallahue e Donnelly (2008), as crianças necessitam de diversas oportunidades para desenvolver suas habilidades de movimento.

Saltos laterais

A tarefa de saltos laterais envolve a velocidade de movimentos em saltos alternados, em que o aspecto do ritmo, da fluidez e da continuidade de movimento constitui a base para o rendimento da coordenação (Pereira, 1990; Gorla e Araújo, 2007; Gallahue e Donnelly, 2008), e a mudança de direção do corpo todo rapidamente envolve agilidade. Segundo Maia et al. (2007), a dança de salão exige constante interação com o meio, e o ambiente é variável em virtude dos constantes deslocamentos, exigindo que os alunos dominem suas habilidades e tenham agilidade para evitar colisões. O programa de iniciação em dança de salão proporcionou melhora significativa na tarefa saltos laterais (SL) em comparação às aulas de Educação Física, talvez por envolver atividades com constantes mudanças de direção e deslocamentos laterais. Isso difere dos resultados encontrados por Lopes e Maia (1997) em um estudo realizado com 80 crianças, de ambos os sexos, com 8,354 e DP = 0,409 de idade, participantes de um programa oficial da Educação Física e de um programa alternativo centrado no basquete, no qual as aulas de Educação Física propiciaram maior efeito no item SL que o programa alternativo. Segundo aqueles autores, isso ocorreu, possivelmente, em razão da maior riqueza de atividade nas aulas de Educação Física. Porém, na amostra deste livro, pode-se supor que o programa de iniciação em dança de salão pode ter proporcionado maior variedade de atividades, contribuindo para a melhoria do desempenho nesta tarefa.

Transferências sobre plataformas

A tarefa de deslocamento sobre plataformas se caracteriza pela exigência da utilização simultânea e com velocidade dos membros superiores e inferiores. Configura-se como um tipo de avaliação da velocidade, combinada a elevado grau de complexidade, principalmente, porque necessita do uso simultâneo de todos os segmentos corporais e da coordenação da transferência entre as plataformas com as mãos, avançando-se de modo constante, passando de uma para a outra. Além disso, necessita de velocidade, que é limitada pela maneira de usar o aparelho. Sendo assim, segundo Gorla e Araújo (2007), é uma maneira eficiente de se verificar inicialmente a capacidade do aluno e de uma possível melhora de sua coordenação corporal após um período de estimulação motora diversificada. Desse modo, as atividades desenvolvidas pelas aulas de Educação Física parecem ter contribuído menos para a melhoria dessa habilidade, diferentemente do programa de iniciação em dança de salão, que se mostrou eficiente por apresentar uma melhora significativa no pós-teste para esta tarefa.

Entretanto, em estudo realizado por Gorla (2001) com crianças de 6 a 11 anos, portadoras de deficiência mental, constatou-se melhora significativa em todas as tarefas, incluindo a transferência sobre plataformas ($p < 0,01$), após um programa de Educação Física orientado. Estudos realizados por Elias et al. (2007) com 40 crianças do sexo masculino, divididas em um grupo que participava apenas das aulas de Educação Física e outro que participava também da escolinha de iniciação desportiva (futsal), mostrou que o grupo praticante de atividade física, além da Educação Física Escolar, obteve melhores resultados em todas as tarefas, inclusive na transferência sobre plataformas.

É importante ressaltar que o percentual das crianças que participaram do programa de iniciação em dança de salão no lugar da Educação Física e o percentual das que participam de atividades físicas ou esportivas fora do contexto escolar são semelhantes para ambos os grupos (77,78% do grupo experimental e 76,6% do grupo controle praticam esportes). Sendo assim, a dança de salão demonstrou ser uma atividade com grande potencial para contribuir na Educação Física e no desenvolvimento da coordenação corporal das crianças em idade escolar.

Quociente motor

O quociente motor geral é o resultado do somatório das quatro tarefas da bateria de teste de coordenação corporal KTK e pode ser expresso também em percentual. Os resultados revelaram um progresso expressivo na classificação da coordenação corporal, especialmente no grupo participante do programa de iniciação em dança de salão. Segundo Teixeira (2006, p. 25), "para haver coordenação motora é necessário controlar de forma integrada a ação de dois ou mais segmentos corporais, a fim de que o sistema composto por eles atinja um objetivo comum". Um bom exemplo de atividade coordenada na dança de salão seria combinar a movimentação dos pés com as mãos e os braços para a condução da parceira, de modo que haja interação entre o cavalheiro e a dama, ou seja, a coordenação dos dois corpos em um movimento e deslocamento únicos.

Segundo Ávila, Araújo, Nunomura (2005) e Gallahue e Donnelly (2008), a dança é um veículo privilegiado para aquisição de capacidades coordenativas. Nesse sentido, proporciona melhoras na coordenação motora, sendo útil para o desenvolvimento equilibrado e harmonioso da criança. Em estudo já citado, realizado por Sebastião et al. (2008), os autores evidenciaram melhoras significativas também na coordenação motora após 4 meses de prática de dança, o que reforça os resultados encontrados na amostra deste livro. Souza, Berleze e Valentini (2008) realizaram um programa de educação pelo esporte, na Escola de Educação Física (ESEF) da Universidade Federal do Rio Grande do Sul, com 26 meninas entre 7 e 10 anos, divididas em dois grupos (infantil e infanto). Os resultados mostraram que, antes da intervenção, os grupos apresentaram desempenhos motores abaixo da média. Após a intervenção, porém, ambos os grupos apresentaram resultados melhores no desempenho motor geral, corroborando os resultados da amostra deste livro, o que demonstrou a efetividade do programa de intervenção motora com ênfase na dança. Segundo os autores, esses resultados evidenciam que a dança pode ser implementada nas aulas e fazer parte dos conteúdos da Educação Física no contexto escolar, pois, por meio dessa prática, as crianças puderam aperfeiçoar seu repertório motor, tendo a oportunidade de expressar seus sentimentos com uma vivência enriquecedora. Além disso, a prática da dança e, especialmente, a dança de salão, pode auxiliar no desenvolvimento das funções mentais e aprimorar as funções motoras, como a coordenação (Vargas, 2005).

Um estudo realizado por Lopes e Maia (1997), já citado, com crianças sujeitas a dois programas distintos, um com base nas aulas de Educação Física e outro na prática do basquete, permitiu verificar mudanças significativas nos níveis de expressão da capacidade de coordenação corporal das que participaram das aulas de Educação Física. Segundo os autores, isso se deu provavelmente em razão da maior variedade de atividades proporcionadas por essas aulas, demonstrando que a Educação Física tem potencial para contribuir na melhoria da coordenação motora das crianças. Neste livro, provavelmente, a dança de salão tenha exercido essa função de enriquecer as aulas com uma grande variedade de atividades e, assim, contribuir para ampliar o repertório motor das crianças e, consequentemente, sua coordenação corporal.

Gallahue e Donnelly (2008, p. 61) referem que o programa de Educação Física da escola, na educação fundamental, "é o único lugar onde as crianças podem ter encorajamento garantido, oportunidades para a prática e instrução de qualidade, tão vitais para a aquisição de habilidades motoras". Pode-se verificar, pelos resultados da amostra deste livro, que a dança de salão é uma atividade que pode contribuir com a Educação Física na melhoria das habilidades motoras fundamentais e/ou especializadas e, especialmente, com a coordenação motora das crianças.

Desse modo, as informações provenientes da coordenação motora devem direcionar os esforços a fim de dar ao aprendiz informações sobre o desenvolvimento das capacidades coordenativas, motivá-los a melhorar e aperfeiçoar seus níveis coordenativos e ensinar a importância da formação corporal e da melhoria de outras capacidades motoras no desenvolvimento motor (Pereira, 1990; Gorla e Araújo, 2007).

Correlações

Grupo controle

Caetano e Santos (2007, p. 29) afirmam que "o sentimento de competência e o tempo de envolvimento do aluno nas aulas de Educação Física têm sido associados com os melhores rendimentos na escola, facilitando a aprendizagem". Pode-se notar, de acordo com os resultados, que o grupo controle, após o programa de Educação Física, revelou apresentar correlação entre o valor global, competência escolar e a competência atlética, além da correlação com a aceitação social verificada no pré-teste. É possível que as atividades propostas nas aulas de Educação Física tenham contribuído para esses resultados. Nesse sentido, pode-se dizer que as crianças sentiram-se mais competentes nas tarefas escolares e na realização das tarefas motoras, refletindo um melhor julgamento de si mesmas.

Para Gallahue e Donnelly (2008), o autoconceito é uma avaliação pessoal expressa nas atitudes que o indivíduo mantém em relação a si mesmo, e essa descrição é livre do valor de si mesmo e não existem comparações com outras pessoas. Isso permite afirmar que as crianças do grupo controle que apresentaram valores altos de percepção do autoconceito sentem-se bem consigo mesmas e que esse sentimento se reflete na maneira como estão se sentindo em relação à competência escolar, à aceitação social e à competência atlética, mesmo que os valores percebidos nessas subescalas tenham sido moderados no pós-teste, ou seja, uma correlação positiva mostra que quanto mais sentem-se felizes e seguras de si, melhor elas se relacionam com os colegas, sentem-se aceitas entre o grupo que pertencem, saem-se bem nas tarefas escolares e nas atividades físicas.

A correlação verificada entre a competência atlética e a aceitação social para o grupo controle mostra que, quando as crianças sentem que se desempenham bem nas tarefas motoras, também sentem-se mais aceitas entre o grupo a que pertencem e o relacionamento com os colegas da turma é melhor. Harter (1982) indica, ao validar esse instrumento, que a maior correlação entre as subescalas se deu entre a competência atlética e a aceitação social. Esse padrão sugere que a popularidade durante os primeiros anos escolares depende da proeza atlética. Em estudos realizados por Broch (2008) com 50 crianças entre 9 e 11 anos, praticantes e não praticantes de handebol, foram encontradas correlações semelhantes entre as subescalas competência atlética e aceitação social no grupo praticante de handebol, mostrando que, quando perceberam ser capacitados em atividades esportivas, houve melhoras também no relacionamento com os amigos.

Na amostra deste livro, verificou-se que a competência atlética correlacionou-se, também, com a competência escolar, indicando que as crianças que se percebem competentes motoramente podem também se sentir competentes em seus desempenhos nas atividades escolares. Não houve correlação nesse grupo entre quociente motor e a percepção de competência atlética, o que pode indicar que as crianças não estariam julgando corretamente seu desempenho motor, pois apresentaram valores acima da média no teste motor (KTK), obtendo escores considerados normal, bom e alto segundo a classificação do teste.

Grupo experimental

As pessoas autoavaliam suas capacidades, bem como seus desempenhos, em diversas áreas, e esse julgamento pode ser exteriorizado por meio de ações ou palavras. O sentimento de competência se baseia nas experiências vividas durante a vida, e quanto mais competentes as pessoas se sentirem, mais positivas serão suas reações afetivas e maior motivação terão para a realização de novas tarefas (Grisa e Gaion, 2007).

Após o programa de iniciação em dança de salão, percebeu-se que a competência atlética apresentou correlações em maior nível de significância com a competência escolar e a aceitação social. Segundo Harter (1982), as subescalas atlética e social tendem a ser altamente relacionadas (com uma variação de 0,46 a 0,58), corroborando os resultados apresentados neste livro. Isso mostra que o programa de iniciação em dança de salão pode ter contribuído para as crianças se sentirem mais competentes para realizar as tarefas motoras e, consequentemente, perceberam que se saíram melhor nas tarefas escolares e no relacionamento com os colegas.

Em estudo realizado por Broch (2008), já citado, as correlações foram semelhantes entre a competência atlética e escolar em meninas praticantes de atividades esportivas, indicando que, quando se percebem competentes motoramente, sentem também que seus desempenhos em tarefas escolares podem apresentar graus elevados. A aceitação social apresentou correlação com a competência escolar, e, segundo Harter (1985), a aceitação social relaciona-se à competência escolar em crianças mais jovens. Consequentemente, o fato de se sentirem mais competentes nas tarefas escolares contribuiu para se relacionarem melhor com os amigos.

A competência diz respeito ao nível de domínio do indivíduo, que pode variar de deficiente a adequado, e representa um fator importante no desenvolvimento do autoconceito. O valor global ou o autoconceito expressa as percepções que o indivíduo tem de suas características e limitações, especialmente em áreas que tenham um significado pessoal (Gallahue e Ozmun, 2003), sendo que a competência percebida pode ter impacto significativo na competência real. Os resultados apresentados neste livro indicam que o autoconceito apresentou correlação com a competência escolar, a aceitação social (que não havia apresentado no pré-teste) e a competência atlética, o que indica que a avaliação de serem mais competentes nas tarefas escolares e no relacionamento com os amigos, provavelmente pela necessidade constante de trabalhar sempre em grupo, exigida na dança de salão, refletiu-se no autoconceito das crianças, fazendo-as se sentirem mais felizes e satisfeitas consigo mesmas.

Segundo Haywood e Getchell (2004), a interação com pares, professores e outros indivíduos pode influenciar a competência percebida de maneira positiva nas crianças praticantes da dança de salão. A correlação do valor global com a competência atlética mais significativa no pós-teste desse estudo mostra que, embora as crianças desse grupo tenham obtido valores no teste motor (KTK) abaixo da média no pré-teste, elas se percebem como moderadamente competentes, e isso não interferiu no sentimento alto de satisfação pessoal, sendo que, após o período de intervenção em dança de salão, as crianças melhoraram o desempenho no pós-teste. Provavelmente, sentiram-se mais competentes motoramente e mais felizes.

Weinberg e Gould (2001) afirmam que as percepções de poder aprender e desempenhar uma habilidade trabalham junto às avaliações de competência e autovalor, influenciando a motivação dos alunos, principalmente por influenciar estados afetivos de satisfação. Correlações semelhantes às deste livro foram encontradas por Soares (2006) e Oliveira (2007), em que alunos praticantes de esportes apresentaram correlações entre o valor global, competência escolar e competência atlética, pela importância da iniciação esportiva para o desenvolvimento geral das crianças.

O quociente motor geral apresentou, no estudo deste livro, correlação fraca e negativa com a aceitação social. Isso indica que as crianças perceberam-se moderadamente competentes nas atividades motoras, o que não interferiu no sentimento de aceitação ao grupo a que pertencem. Não foi encontrada, porém, correlação entre o quociente motor geral e a percepção de competência atlética, mesmo tendo melhorado o desempenho no pós-teste. No entanto, Buzzo (2009) encontrou uma associação significativa entre o desempenho motor e a competência atlética em crianças de 8 anos, não obtendo associação em crianças de 9 anos. Em crianças de 10 anos, verificou uma associação entre o desempenho motor e a aceitação social, o que lhe permitiu concluir que as crianças nessa faixa etária demonstram percepções mais precisas de suas competências e julgam mais adequadamente seus desempenhos motores.

Os julgamentos das pessoas a respeito de suas próprias capacidades influenciam na participação em atividades como a dança de salão, bem como no domínio dessa prática, e, com o passar dos anos, essa avaliação pessoal tende a se igualar às capacidades reais do indivíduo (Haywood e Getchell, 2004).

Um estudo realizado por Teixeira (2008), já citado, revelou que as crianças que apresentaram desempenho motor pobre evidenciaram percepção de competência atlética elevada. Segundo Teixeira (2008), possivelmente, isso ocorre pela falta de oportunidade de as crianças se engajarem em atividades motoras que contribuam para o desenvolvimento motor e para a percepção de competência real. Entretanto, é importante enfatizar que, quando o aprendiz se percebe altamente competente, tende a ser mais intrinsecamente motivado para buscar e conquistar desafios propostos e permanecer engajado. Sendo assim, cabe ao professor propiciar condições de adaptar os níveis de desafios aos que o aluno deseja enfrentar (Harter, 1981; Valentini e Toigo, 2006). Dessa maneira, cabe aos professores, técnicos e instrutores de atividades que envolvam habilidades motoras descobrir modos de manter ou aumentar a autopercepção de capacidade das crianças como meio de fazê-las persistirem e permanecerem engajadas em atividades como a dança de salão.

Segundo Haywood e Getchell (2004), provavelmente o desenvolvimento motor ótimo está relacionado ao grau em que as oportunidades de prática e instrução são compatíveis com as restrições do indivíduo, do ambiente e da tarefa. Os resultados positivos no desempenho motor, encontrados no estudo apresentado neste livro, podem ser creditados ao encorajamento de pais e professores e à oportunidade para a prática, proporcionados pelo programa de iniciação em dança de salão, tendo em vista que as crianças possuíam pouca ou nenhuma experiência com qualquer tipo de dança.

Conclusão

O estudo apresentado neste livro propôs-se investigar a influência de um programa de iniciação à dança de salão na escola, sobre o desempenho motor de estudantes de 8 a 10 anos de idade. Para isso, a literatura pertinente foi revisada e a pesquisa foi instrumentalizada de modo a proceder a análise das variáveis envolvidas, bem como calcular possíveis correlações entre elas, mediante os resultados.

Um programa de iniciação em dança de salão foi organizado e aplicado na escola, constituindo, assim, a variável dependente que suportou o estudo, uma vez que os dados foram extraídos da sua influência sobre o desempenho motor e percepção de competência, que constituíram o rol de variáveis independentes analisadas.

O programa foi desenvolvido em busca de propósitos especiais de valorização da possibilidade de inclusão efetiva da dança de salão no âmbito da Educação Física Escolar, pela contribuição significativa que a sua implantação pode proporcionar. Uma dessas partes parece, pelos resultados encontrados, ter sido cumprida, isto é, revelou-se ser possível tal enriquecimento à disciplina, capaz de se refletir positivamente nos alunos. A outra poderá ocorrer com acolhimento da proposta pelo sistema educacional, que dependerá de proposições futuras.

Na execução da metodologia, inicialmente, traçou-se o perfil da amostra, considerando o indivíduo, o ambiente e a experiência fora da escola. Destaca-se, nesse âmbito, que grande parte dos sujeitos

(77,03%) realizavam algum esporte ou outra prática fora do ambiente escolar, como atividade complementar de opção pessoal ou familiar. Entretanto, a dança pouco se encontrava entre essas atividades, o que evidenciou que as crianças tiveram poucas experiências com dança, independentemente do estilo, antes do estudo apresentado neste livro. Mesmo nunca tendo experiências, grande parte das crianças disse que sabia o que é dança de salão. Considerando-se o gênero, verificou-se que os meninos tinham menos experiências com dança em relação às meninas; porém, mais meninas disseram não saber o que é dança de salão.

Apesar de boa parte das crianças não conhecer a dança de salão antes da intervenção, ainda assim, quando questionados se gostariam de aprender, a maioria das crianças respondeu positivamente, e os motivos apresentados foram diversos, tais como: por ser bonito, divertido, por gostarem de dançar, quererem aprender, porque nunca dançaram ou sabem pouco, porque assistiram a algum programa televisivo, porque a mãe gosta, por gostarem de aprender atividades novas, quererem melhorar a coordenação motora, quererem aprender para dançar quando quiser e quererem se exercitar. Foi possível identificar que mais meninas tinham vontade de aprender a dançar em relação aos meninos, embora muitos deles expressaram interesse por essa aprendizagem. Isso pode ser fruto da grande exposição da dança na mídia, na atualidade.

Considerando a participação no programa, no que tange à eficiência pessoal relacionada à dança de salão, os resultados revelaram que, no grupo experimental, as manifestações apontaram não ser tão difícil tal prática quanto se esperava de início. Isso indica a importância de ensinar-se a dança na escola desde as idades mais jovens, para que as crianças sintam-se capazes de praticá-la. Os alunos da amostra deste livro sentiram-se mais capazes de se movimentar em ritmo lento, diferentemente do que se recomenda na literatura, que sugere movimentos em um andamento moderado, a propósito, o escolhido para dar início ao programa (merengue).

As meninas demonstraram maior resistência em dançar com os meninos e preferiam dançar entre elas, o que permite inferir, inicialmente, que seria difícil a interação e socialização entre os gêneros nessas idades, embora, ao final, houvesse a aceitação de dançar com o sexo oposto, sem constrangimentos, do grupo experimental.

Em termos de percepção de competência, as crianças dos dois grupos apresentaram os níveis alto e moderado de percepção de competência escolar, o que se traduz por competência no desempenho escolar e em atividades intelectuais. Os resultados da percepção de competência para a aceitação social revelaram um nível moderado para ambos os grupos. Entretanto, no pós-teste do grupo controle, observou-se uma redução significativa em seu cálculo interno de ambas as subescalas, o que não ocorreu no grupo experimental.

Também os valores encontrados para a competência atlética foram moderados em ambos os grupos, sem alterações significativas no pós-teste, mantendo-se o resultado. Já no valor global, ambos os grupos apresentaram níveis altos de percepção de competência com relação ao autoconceito, embora uma diferença significativa entre os grupos tenha sido encontrada (pré-teste), sendo superior para o grupo experimental. No pós-teste, os valores continuaram no nível alto, sem diferença significativa entre os grupos. O valor global indica alta autoestima e que as crianças estão satisfeitas com o modo como são em vários domínios de suas vidas, o que favorece a participação escolar em todos os seus segmentos, bem como no caso do programa proposto.

Ao avaliar os níveis de coordenação motora ou coordenação corporal, por meio do teste KTK em pré e pós-teste para o equilíbrio em marcha para trás, da energia dinâmica dos membros inferiores, da velocidade em saltos laterais e da coordenação múltipla em deslocamento sobre plataformas, foi possível encontrar e discutir o que segue:

- A melhora da capacidade de equilíbrio apresentada pelo grupo experimental deu-se em virtude dos deslocamentos, executados tanto para frente quanto para trás; da manipulação e da condução do corpo do parceiro; das mudanças de direção dos movimentos; e da altura do centro de gravidade, que demandaram manutenção ou recuperação do equilíbrio. Essa melhora também ocorreu com o grupo controle;
- O aumento da força dos membros inferiores, como demonstram os resultados dos saltos monopedais, provavelmente, deu-se pelos movimentos repetitivos na ponta dos pés, que exigem força para a elevação do peso do corpo. A energia dinâmica dos membros inferiores foi amplamente solicitada pela variabilidade de condutas motoras inerentes à dança de salão, o que resultou em melhora significativa. Isso não ocorreu no grupo controle;
- Os resultados do grupo experimental nos saltos laterais foram significativamente superiores aos do grupo controle. O envolvimento intenso em constantes mudanças de direção e os deslocamentos laterais podem ter exercido influência positiva sobre o desempenho motor melhorado. Além disso, a variedade de atividades do grupo experimental pode ter contribuído para tal superioridade no pós-teste;
- Na tarefa transferência sobre plataformas, mais exigente, considerando a crescente complexidade que caracteriza o teste (última

tarefa ou subteste), verificou-se igualmente resultados significativamente superiores do grupo experimental sobre o de controle, no pós-teste, possivelmente pela estimulação motora diversificada e pela necessidade de utilização simultânea dos membros superiores e inferiores, ou mesmo o corpo como um todo, na dança de salão;

- Os resultados do quociente motor geral, que representa o somatório das quatro tarefas ou subtestes, encontrados por transformação da soma em valor de tabela, revelaram ganhos expressivos em ambos os grupos, sendo superiores em crescimento e significância no grupo experimental; a combinação de movimentos dos pés com os braços para dançar a dois constitui um conjunto de ações coordenadas que parece ter sustentado o bom desempenho nessa tarefa. Quando analisado, porém, o quociente motor em percentual de execução com êxito nas tarefas, apenas o grupo experimental apresentou melhora significativa.

Os resultados organizados, tratados e discutidos, permitem afirmar que a dança de salão, como executada no programa proposto, exerceu influência efetiva sobre o desempenho superior e significativo encontrado, tanto em relação ao pré-teste quanto na comparação entre os grupos.

Ao calcular a correlação entre diversas variáveis internas e externas aos instrumentos, notou-se, no grupo controle no pós-teste, correlações entre o valor global, competência escolar e competência atlética (ou motora). São correlações internas ao grupo que, no pré-teste, já haviam sido verificadas na variável aceitação social.

Esse grupo, que participou das aulas de Educação Física normalmente programadas na escola, certamente desenvolveu percepção de competência nas variáveis indicadas pela influência dessa participação. As correlações encontradas, embora positivas, foram apenas moderadas. A maior correlação entre as subescalas deu-se entre a competência atlética e a aceitação social. Isso sugere que a popularidade, durante os primeiros anos escolares, depende do desempenho motor atlético. Apesar de terem obtido valores acima da média no teste de coordenação (KTK), não se encontrou qualquer correlação entre este teste e a percepção de competência no grupo.

No grupo experimental, encontrou-se no pós-teste que a variável competência atlética apresentou correlações com bons níveis de significância com a competência escolar e a aceitação social. Também o valor global ou autoconceito apresentou correlação com a competência escolar e a aceitação social, que não havia ocorrido no pré-teste e, ainda, com a competência atlética. Isso indica que a avaliação de se perceberem mais competentes nas tarefas escolares e no relacionamento com os amigos, provavelmente, deu-se pela influência do trabalho em grupo exigido no programa de iniciação em dança de salão, com reflexos positivos sobre o autoconceito dos integrantes desse grupo. Uma correlação do valor global com a competência atlética significativa no pós-teste revela percepção de competência moderada, ainda que os valores do teste de coordenação no pré-teste fossem abaixo da média. Esse desempenho se elevou no pós-teste de coordenação motora (KTK).

Recorde-se que o pré-teste de coordenação motora constituiu avaliação que permitiu separar os grupos em experimental e controle, sendo o experimental constituído pelos alunos que obtiveram valores (quociente motor em percentual) abaixo da média e os de controle, acima da média, justamente para avaliar a influência do programa de dança de salão na escola sobre aqueles com maiores dificuldades.

Apenas uma correlação considerada fraca e negativa foi encontrada no pós-teste desse grupo, entre percepção de competência e desempenho motor, ou melhor, entre o quociente motor do teste de coordenação e a variável aceitação social. Não foi confirmada uma correlação que seria de certo modo esperada entre o quociente motor geral (KTK) e a percepção de competência atlética, apesar da melhora encontrada no desempenho motor após a participação no programa de dança de salão na escola. Entretanto, segundo a literatura pesquisada, as crianças nessa faixa etária ainda não demonstram percepções de competência muito precisas no julgamento de seus desempenhos motores.

Pode-se concluir que as correlações encontradas para ambos os instrumentos foram apenas internas, exceto uma entre o quociente motor e a aceitação social. Entretanto, a melhora significativa do grupo experimental indica que, com a ampliação do tempo de participação no programa, provavelmente poderá haver evoluções conducentes a fortes correlações entre as variáveis e os valores globais.

O crescimento de ambos os grupos, sendo mais acentuado no grupo experimental, que a princípio foi constituído pelos mais fracos em desempenho motor coordenado, permite concluir que os objetivos foram alcançados e que uma proposta de inclusão efetiva da dança de salão na Educação Física Escolar poderá valorizar os esforços da área e imprimir nova consistência em benefício da educação e da formação geral dos educandos na escola.

Referências

AGRESTI, A. *Categorical data analysis*. 2. ed. New York: John Wiley, 2002.

ÁVILA, L.; ARAÚJO, C.; NUNOMURA, M. A dança educativa como base para um aumento do repertório motor da criança. *Cinergis*, Santa Cruz do Sul, v. 6, n. 1, p. 69-79, jan./jun. 2005.

AZEVEDO, E. S.; SHIGUNOV, V. Reflexões sobre as abordagens pedagógicas em Educação Física. In: SHIGUNOV, V.; SHIGUNOV NETO, A. (Org.). *A formação profissional e a prática pedagógica*: ênfase nos professores de Educação Física. Londrina: O autor, 2001.

BEHRENS, M. A. *O Paradigma emergente e a prática pedagógica*. 2. ed. Curitiba: Champagnat, 2000.

BESSA, M. F. S.; PEREIRA J. S. Equilíbrio e coordenação motora em pré-escolares: um estudo comparativo. *Revista Brasileira de Ciência e Movimento*, Brasília, DF, v. 10, n. 4, p. 57-62, out. 2002.

BLAND, J. M.; ALTMAN, D. G. Cronbach's alpha. *British Medical Journal*, London, v. 314, n. 22, p. 572, Feb. 1997.

BRASILEIRO, L. T. O conteúdo "dança" em aulas de educação física: temos o que ensinar? *Pensar a Prática 6*, Goiânia, p. 45-58, jul./jun. 2002-2003.

BREGOLATO, R. A. *Cultura corporal da dança*. São Paulo: Ícone, 2000. Coleção educação física escolar: no princípio de totalidade e na concepção histórico-crítica-social, v. 1.

BROCH, C. *Percepção de competência de crianças praticantes e não praticantes da iniciação ao handebol.* 2008. Trabalho de Conclusão de Curso (Graduação em Educação Física) – Universidade Estadual de Maringá, Maringá, 2008.

BURGESS, G.; GROGAN, S.; BURWITZ, L. Effects of 6-weeks aerobic dance intervention on body image and physical self-perception in adolescent girls. *Body Image*, Amsterdam, v. 3, p. 57-66, 2006.

BUZZO, V. A. S. *O desempenho motor e a percepção de competência em escolares com idade entre 7 e 10 anos*. 2009. Dissertação (Mestrado em Estudos do Movimento Humano) – Universidade Estadual de Maringá, Maringá, 2009.

CAETANO, A.; SANTOS, J. H. O tempo de envolvimento motor de alunos com baixa e alta percepção de competência nas aulas de educação física. *Revista da Educação Física/UEM*, Maringá, v. 18, p. 28-31, 2007. Suplemento.

CAETANO, M. J. D. C.; SILVEIRA, C. R. A. S.; GOBBI, L. T. B. Desenvolvimento motor de pré-escolares no intervalo de 13 meses. *Revista Brasileira de Cineantropometria e Desempenho Humano*, Florianópolis, v. 7. n. 2, p. 5-13, 2005.

CAMPEIZ, E. C. F. S.; VOLP, C. M. Dança criativa: a qualidade da experiência subjetiva. *Motriz*, Rio Claro, v. 10, n. 3, p. 167-72, set./dez. 2004.

COELHO, F. G. M.; QUADROS JÚNIOR, A. C.; GOBBI, S. Efeitos do treinamento de dança no nível de aptidão funcional de mulheres de 50 a 80 anos. *Revista da Educação Física/UEM*, Maringá, v. 19, n. 3, p. 445-51, 2008. 3. trimestre.

CRONBACH, L. J. Coefficient alpha and the internal structure of tests. *Psychometrika*, New York, v. 16, n. 3, p. 297-334, Sept. 1951. Disponível em: <http://www.scribd.com/doc/17712118/Coefficient-Alpha-and-the-Internal-Structure-of-Tests>. Acesso em: 9 jun. 2012.

DELORS, J. (Org.). *A educação para o século XXI*: questões e perspectivas. Porto Alegre: Artmed, 2005.

ELIAS, R. G. M. et al. Estudo comparativo da coordenação entre crianças praticantes e não praticantes de atividade física além do ensino regular. *Revista da Educação Física/UEM*, Maringá, v. 18, p. 24-27, 2007. Suplemento.

FAHLBUSCH, H. *Dança moderna e contemporânea*. Rio de Janeiro: Sprint, 1990.

FARO, A. J. *Pequena história da dança*. Rio de Janeiro: J. Zahar, 1986.

FERN, E.; FERN, H. *Vamos aprender a dançar*: com fotos e diagrama. Rio de Janeiro: Ediouro, 1982.

FIORESE, L. *A relação entre a percepção de competência de atletas adolescentes e seus motivos para a prática esportiva*. 1993. Dissertação (Mestrado em Ciência do Movimento Humano) – Universidade Federal de Santa Maria, Santa Maria, RS, 1993a.

______. A relação entre a percepção de competência de atletas adolescentes e seus motivos para a prática esportiva. *Revista da Educação Física/UEM*, Maringá, v. 4, n. 1, p. 40-4, 1993b.

FORNACIARI, G. Como aprender a dançar: novo método de danças modernas. 15. ed. São Paulo: s.n., 1968.

FONSECA, F. R.; BELTRAME, T. S.; TKAC, C. M. Relação entre o nível de desenvolvimento motor e variáveis do contexto de desenvolvimento de crianças. *Revista da Educação Física/UEM*, Maringá, v. 19, n. 2, p. 183-95, 2008. 2. trimestre.

GALLAHUE, D. L. Conceitos para maximizar o desenvolvimento da habilidade de movimento especializado. *Revista da Educação Física/UEM*, Maringá, v. 16, n. 2, p. 197-202, 2005. 2. semestre.

GALLAHUE, D. L.; DONNELLY, F. C. *Educação física desenvolvimentista para todas as crianças*. 4. ed. São Paulo: Phorte, 2008.

GALLAHUE, D. L.;. OZMUN, J. C. *Compreendendo o desenvolvimento motor*: bebês, crianças, adolescentes e adultos. São Paulo: Phorte, 2003.

GAYA, A. (Org.). *Ciências do movimento humano*: introdução à metodologia da pesquisa. Porto Alegre: Artmed, 2008.

GASPARI, T. C. A dança aplicada às tendências da educação física escolar. *Motriz*, Rio Claro, v. 8, n. 3, p. 123-9, set./dez. 2002.

GIFFONI, M. A. C. Danças da corte: Gavota, Minueto e Pavana. In: BRASIL. Ministério da Educação e Cultura. Departamento de Educação Física e Desportos. *Danças da corte*: danças dos salões brasileiros de ontem e de hoje. São Paulo: Abril Cultural, 1974. p. 4-16. (Caderno Cultural; n. 2).

GODINHO, M. et al. *Controlo motor e aprendizagem*: fundamentos e aplicações. Cruz Quebrada: Faculdade de Motricidade Humana, 1999.

GORLA, J. I. *Educação Física especial*: testes. Rolândia: Physical-fisio, 1997.

______. *Coordenação motora de portadores de deficiência mental*: avaliação e intervenção. 2001. Dissertação (Mestrado) – Universidade de Campinas, Campinas, SP, 2001.

______. *Desenvolvimento de equações generalizadas para estimativa da coordenação motora em crianças e adolescentes portadores de deficiência mental*. 2004. Tese (Doutorado) – Universidade de Campinas, Campinas, SP, 2004.

GORLA. J. I.;. ARAÚJO, P. F. *Avaliação motora em Educação Física adaptada*: teste KTK para deficientes mentais. São Paulo: Phorte, 2007.

GRISA, R. A.; GAION, P. A. Percepção de competência motora e desempenho motor: quem pratica esporte é mais competente? *Revista da Educação Física/UEM*, Maringá, v. 18, p. 37-9, 2007. Suplemento.

HARTER, S. Effectance Motivation Reconsidered: toward a developmental model. *Human Development*, Basel, n. 21, p. 34-64, 1978.

______. The developmental of competence motivation in the mastery of cognitive and physical skills: is there still a place for joy? *Psycology of Motor Behavior and Sport*, Champaign, v. 5, n. 3, p. 244-52, 1980.

______. A new self-report scale of intrinsic versus extrinsic orientation in the classroom: motivational and informational components. *Developmental Psychology*, Richmond, v. 17, n. 3, p. 300-12, 1981.

______. The perceived Competence Scale for Children. *Child Development*, Malden, v. 53, n. 1, p. 87-97, 1982.

HARTER, S. *Manual for the self-perception profile for children*. Denve: University of Denver, 1985.

HAYWOOD, K. M.; GETCHELL, N. *Desenvolvimento motor ao longo da vida*. 3. ed. Porto Alegre: Artmed, 2004.

HISTÓRIA da dança. Disponível em: <http://www.palladino.com.br/site_historia.htm>. Acesso em: 23 abr. 2009.

HOLLE, B. *Desenvolvimento motor na criança normal e retardada*: um guia prático para a estimulação sensório-motora. São Paulo: Manole, 1979.

ISAYAMA, H. F.; GALLARDO, J. S. P. Desenvolvimento motor: análise dos estudos brasileiros sobre habilidades motoras fundamentais. *Revista da Educação Física/UEM*, Maringá, v. 9, n. 1, p. 75-82, 1998.

KIPHARD, E. J. *Insuficiencias de movimiento y de coordinación em la edad de la escuela primaria*. Buenos Aires: Kapelusz, 1976.

KREBS, R. J. et al. *Desenvolvimento humano*: uma área emergente da ciência do movimento humano. Santa Cruz do Sul: s. n., 1996.

LABAN, R. *Domínio do movimento*. Edição organizada por Lisa Ullmann. São Paulo: Summus, 1978.

______. *Dança educativa moderna*. São Paulo: Ícone, 1990.

LANDIS, R. J.; KOCH, G. G. The measurement of observer agreement for categorical data. *Biometrics*, Alexandria, v. 33, p. 159-74, 1977.

LAVOURA, N. T.; BOTURA, H. M. L.; DARIDO, S. C. Educação física escolar: conhecimentos necessários para a prática pedagógica. *Revista da Educação Física/UEM*, Maringá, v. 17, n. 2, p. 203-9, 2006. 2. semestre.

LOPES, V.; MAIA, J. A. R. Efeito do ensino no desenvolvimento da capacidade de coordenação corporal em crianças de oito anos de idade. *Revista Paulista de Educação Física*, São Paulo, v. 11, n. 1, p. 40-8, jan./jul. 1997.

LOPES, V. P. et al. Estudo do nível de desenvolvimento da coordenação motora da população escolar (6 a 10 anos de idade) da Região Autônoma dos Açores. *Revista Portuguesa de Ciências do Desporto*, Lisboa, v. 3, n. 1, p. 47-60, 2003.

MAGILL, R. A. *Aprendizagem motora*: conceitos e aplicações. São Paulo: E. Blücher, 2000.

MAIA, M. A. C.; PEREIRA, V. R. Baile de salon: estudio comparativo sobre la motivacion entre los escolares de 5ª y 6ª serie de Maringa-Parana. In: CONGRESO NACIONAL DE CIENCIAS DEL DEPORTE Y EDUCACIÓN FÍSICA, 4., Pontevedra, *Anais*... Pontevedra: s. n., 2008a.

______. Dança de Salão: estudo comparativo da percepção da eficiência pessoal entre escolares da 5ª e 6ª série de Maringá/Paraná. In: CONGRESSO DOS PAÍSES DE LÍNGUA PORTUGUESA, 2008, Porto Alegre. *Resumos*... Porto Alegre: UFRG, 2008b.

MAIA, M. A. C.; SONOO, C. N. Dança de salão e sua contribuição para a melhoria do autoconceito e do equilíbrio. In: SEMANA DA EDUCAÇÃO FÍSICA DA UEM, 17; FÓRUM INTERNACIONAL DE EDUCAÇÃO FÍSICA, ESPORTES E SAÚDE, 1., 2004, Maringá. *Resumos*... Maringá: UEM, 2004.

______. A dança de salão e sua contribuição para a melhoria do autoconceito. In: CONGRESSO INTERNACIONAL DE PEDAGOGIA DO ESPORTE, 18.; SEMANA DE EDUCAÇÃO FÍSICA, 2., 2005, Maringá. *Resumos*... Maringá: UEM, 2005. p. 59.

MAIA, M. A. C. et al. Estudo comparativo da agilidade entre praticantes de dança de salão. *SaBios*: Revista Saúde e Biologia, Campo Mourão, v. 2, n. 2, p. 37-44, 2007.

______. Estudo comparativo da percepção da eficiência pessoal entre meninos e meninas da 5ª série para a dança salão. In: CONGRESSO BRASILEIRO DE METABOLISMO, NUTRIÇÃO E EXERCÍCIO, 2., Londrina. *Resumos*... Londrina: UEL, 2008.

MANOEL, E. J. A dinâmica do estudo do comportamento motor. *Revista Paulista de Educação Física*, São Paulo, v. 13, p. 52-61, dez. 1999. (Especial).

MARQUES, I. A. Dançando na escola. *Motriz*, Rio Claro, v. 3, n. 1, p. 20-8, jun. 1997.

______. *Ensino de dança hoje*: textos e contextos. 4. ed. São Paulo: Cortez, 2007.

MARRONI, P. C. T. *Tecido circense*: a influência de um programa de intervenção motora no desenvolvimento motor, percepção de competência e ansiedade de crianças. 2009. Dissertação (Mestrado em Estudos do Movimento Humano) – Universidade Estadual de Maringá, Maringá, 2009.

MERENGUE. Disponível em: <http://pt.wikipedia.org/wiki/Merengue>. Acesso em: 23 abr. 2009.

MONTEIRO, M. Desenvolvimento motor em contexto: um desafio de pesquisa para profissionais de educação física. *Revista Brasileira de Educação Física e Esporte*, São Paulo, v. 20, n. 5, p. 121-3, set. 2006. Suplemento.

MORATO, M. E. B. *Ginástica Jazz*: a dança na Educação Física, a ginástica para todos. 2. ed. São Paulo: Manole, 1993.

NANNI, D. *Dança-educação*: princípios, métodos e técnicas. 3. ed. Rio de Janeiro: s. n., 2001.

______. *Ensino da dança*: enfoques neurológicos, psicológicos e pedagógicos na estruturação/expansão da consciência corporal e da autoestima do educando. Rio de Janeiro: Shape, 2003.

NETO, A. S. et al. Relação entre fatores ambientais e habilidades motoras básicas em crianças de 6 e 7 anos. *Revista Mackenzie de Educação Física e Esporte*, São Paulo, v. 3, n. 3, p. 135-40, 2004.

NEWELL, K. M. Constraints on the development of coordination. In: WADE, M. G.; WHITING, H. T. A. (Ed.). *Motor Development in Children*: aspects of control and coordination. Philadelphia: s. n., 1986. p. 341-61.

______. Change in motor learning: a coordination and control perspective. *Motriz*, Rio Claro, v. 9, n. 1, p. 1-6, jan./abr. 2003.

OLIVEIRA, A. A. B. Planejando a educação física escolar. In: VIEIRA, J. L. Lopes (Org.). *Educação Física e Esportes*: estudos e proposições. Maringá: Eduem, 2004.

OLIVEIRA, L. R. *Percepção de competência*: um estudo no contexto escolar com crianças de 12 a 14 anos. 2007. Trabalho de Conclusão de Curso (Especialização) – Universidade Estadual de Maringá, Maringá, 2007.

OLIVEIRA, V. M. *O que é Educação Física*. 2. ed. São Paulo: Brasiliense. 2006.

OSSONA, P. *A educação pela dança*. São Paulo: Summus, 1988.

PAGANO, M.; GAUVREAU, K. *Princípios de bioestatística*. 2. ed. São Paulo: Thompson, 2004.

PAIVA, A. C. S.; OLIVEIRA, S. R. G.; VOLP, C. M. Dança de salão para pacientes com transtornos mentais. *ADAPTA*, São Paulo, v. 2, p. 34-7, 2006.

PEREIRA, V. R. *Estudo da influência de um programa desportivo-motor centrado no handebol sobre o desenvolvimento psicomotor de crianças em idade escolar (9 e 10 anos)*. 1990. Tese (Doutorado) – Universidade do Porto, Portugal, 1990.

PERNA, M. A. *Samba de gafieira*: a história da dança de salão brasileira. 2. ed. Rio de Janeiro: s. n., 2002.

QUADROS JUNIOR, A. C.; VOLP, C. M. Forró universitário: a tradução do forró nordestino no sudeste brasileiro. *Motriz*, Rio Claro, v. 11, n. 2, p. 117-20. maio/ago. 2005.

SANTOS, S.; DANTAS, L.; OLIVEIRA, J. L. Desenvolvimento motor de crianças, idosos e de pessoas com transtornos da coordenação. *Revista Paulista de Educação Física*, São Paulo, v. 18, p. 33-44, ago. 2004.

SARTORI, R. F.; NASSER, J. P. O impacto do esporte no desenvolvimento infantil: uma perspectiva bioecológica. *Cinergis*, Santa Cruz do Sul, v. 6, n.1, p. 131-41, jan./jun. 2005.

SAS Institute Inc. SAS/STAT® u*ser's* guide. Cary, NC: SAS Institute Inc., 2003. version 9.

SCHALL, R. Estimation in generalized linear models with random effects. *Biometrika*, Oxford, v. 78, n. 4, p. 719-27, 1991.

SCHIMIDT, J. M. *Educar pela recreação*. 3. ed. Rio de Janeiro: Agir, 1964.

SEBASTIÃO, E. et al. Efeitos da prática regular de dança na capacidade funcional de mulheres acima de 50 anos. *Revista da Educação Física/UEM*, Maringá, v. 19, n. 2, p. 205-14, 2008. 2. trimestre.

SHIGUNOV, V.; PEREIRA, V. R. *Metodologia da Educação Física*: o desporto na escola – os componentes afetivos. São Paulo: IBRASA, 1993.

SILVA, M. G. M. S.; SCHWARTZ, G. M. Por um ensino significativo da dança. *Movimento*, Porto Alegre, ano 6, n. 12, p. 45-52, 2000.

SILVA, P. G. *Estudo comparativo da coordenação motora de crianças praticantes e não praticantes da modalidade esportiva futsal*. 2006. Trabalho de Conclusão de Curso (Especialização) – Universidade Estadual de Maringá, Maringá, 2006.

SILVA, S. R. *Desenvolvimento motor e percepção de competência atlética*: um estudo com crianças entre 8 e 10 anos da rede pública de ensino. 2009. Dissertação (Mestrado em Estudos do Movimento Humano) – Universidade Estadual de Maringá, Maringá, 2009.

SMITH, R. E. et al. Measurement of multidimentsional sport performance anxiety in children and adults: the sport anxiety scale-2. *Journal of Sport and Exercise Psycology*, Champaign, v. 28, p. 479-501, 2006.

SNEDECOR, G. W.; COCHRAN, W. G. *Statistical methods*. 6th. Iowa: The Iowa State University Press, 1972.

SOARES, A. L. *Análise da percepção de competência de crianças de 10 a 12 anos praticantes de basquetebol*. 2006. Trabalho de Conclusão de Curso (Especialização) – Universidade Estadual de Maringá, Maringá, 2006.

SOARES, C. L. et al. *Metodologia do ensino de Educação Física*. São Paulo: Cortez, 1992.

SOUZA, M. C.; BERLEZE, A.; VALENTINI, N. C. Efeitos de um programa de educação pelo esporte no domínio das habilidades motoras fundamentais e especializadas: ênfase na dança. *Revista da Educação Física/UEM*, Maringá, v. 19, n. 4, p. 509-19, 2008. 4. trimestre.

TANI, G. et al. E. *Educação Física*: fundamentos de uma abordagem desenvolvimentista. São Paulo: EPU, 1988.

TEIXEIRA, A. L. *Controle motor*. Barueri: Manole, 2006.

TEIXEIRA, C. A. *Aquisição de habilidades motoras*: um programa de intervenção estruturado com base na teoria de instrução para crianças jovens. 2008. Dissertação (Mestrado em Estudos do Movimento Humano) – Universidade Estadual de Maringá, Maringá, 2008.

THOMAS, J. R.; NELSON, J. K. *Métodos de pesquisa em atividade física*. 3. ed. Porto Alegre: Artmed, 2002.

TRESCA, R. P.; DE ROSE JÚNIOR, D. Estudo comparativo da motivação intrínseca em escolares praticantes e não praticantes de dança. *Rev. Bras. Ciên. e Mov.*, Brasília, DF, v. 8, n. 1, p. 9-13, jan. 2000.

ULRICH, B. Motor development: core curricular concepts. *Quest*, Grand Rapids, v. 59, p. 77-91, 2007.

VALENTINI, N. C. Competência e autonomia: desafios para a Educação Física Escolar. *Revista brasileira de Educação Física e Esporte*, São Paulo, v. 20, p.185-7, 2006.

______. *Percepções de competência, autoconceito e motivação*: considerações para a prática esportiva. In: OLIVEIRA, A. A. B.; PERIN, J. L. Fundamentos Pedagógicos para o Programa Segundo Tempo. 2. ed. Maringá: Eduem, 2008. p.113-21.

VALENTINI, N. C.; PETERSEN, R. D. S. Aquisição e desenvolvimento de habilidades esportivas: considerações para a prática. *Material didático para o processo de capacitação do programa Segundo Tempo*. Brasília, DF: Ministério do Esporte, Secretaria Nacional de Esporte Educacional, 2008. p. 60-84.

VALENTINI, N. C.; RUDISILL, M. Motivational Climate, Motor-Skil Development, and Perceived Competence: two studies of developementally delayed kindergarten children. *Journal of Teaching in Phisical Education*, s. l., v. 23, p. 216-34, 2004.

VALENTINI, N. C.; TOIGO, A. M. *Ensinando Educação Física nas séries iniciais*: desafios & estratégias. 2. ed. Canoas: Unilasalle, 2006.

VARGAS, L. A. Ensinar dança. *Cinergis*, Santa Cruz do Sul, v. 6, n. 1, p. 53-67, jan./jun. 2005.

VERDERI, E. B. L. P. *Dança na escola*. 2. ed. Rio de Janeiro: Sprint, 2000.

VIEIRA L.; VIEIRA, J. L. L.; KREBS, R. J. Análise da percepção de competência no contexto escolar. *Revista Kinesis*, Santa Maria, n. 15, p. 55-66, 1997.

VILLARI, J.; VILLARI, K. S. *Discoteca*: aprenda as danças da moda. Rio de Janeiro: Record, 1978.

VILLWOCK, G.; VALENTINI, N. C. Percepção de competência atlética, orientação motivacional e competência motora em crianças de escolas públicas: estudo desenvolvimentista e correlacional. *Rev. Bras. Educ. Fís. Esp.*, São Paulo, v. 21, n. 4, p. 245-57, out./dez. 2007.

VOLP, C. M. *Vivenciando a dança de salão na escola*. 1994. Tese (Doutorado) – Universidade de São Paulo, São Paulo, 1994.

VOLP, C. M; DEUTSCH, S.; SCHWARTZ, G. M. Por que dançar? Um estudo comparativo. *Motriz*, Rio Claro, v. 1, n. 1, p. 52-8, jun. 1995.

VOLP, C. M; OLIVEIRA, S. R. G.; DEUTSCH, S. Avaliação do ritmo no ensino da dança de salão. In: REUNIÃO DA SBPC, 57, 2005, Fortaleza. *Anais*... Fortaleza: SBPC, 2005. Disponível em: <http://www.sbpcnet.org.br/livro/57ra/programas/senior/RESUMOS/resumo_352.html>. Acesso em: 14 abr. 2012.

WEINBERG, R. S.; GOULD, D. *Fundamentos da psicologia do esporte e do exercício*. 2. ed. Porto Alegre: Artmed, 2001.

WOLFF, F.; et al. Estudo do equilíbrio plantar do iniciante de tiro com arco recurvo. *Revista da Educação Física/UEM*, Maringá, v. 19, n. 1, p. 1-9, 2008. 1. trimestre.

ZACARON, D.; KREBS, R. J. A complexidade e a organização no processo de aprendizagem de habilidades motoras. *Revista da Educação Física/UEM*, Maringá, v. 17, n. 1, p. 85-94, 2006.

ZAJONZ, R.; MÜLLER, A. B.; VALENTINI, N. C. A influência de fatores ambientais no desempenho motor de crianças da periferia de Porto Alegre. *Revista da Educação Física/UEM*, Maringá, v. 19, n. 2, p. 159-71, 2008. 2 trimestre.

Apêndices

APÊNDICE A – Programa de iniciação em dança de salão – PIDS

Planos de aula – 1 e 2

Turma: 4º A, B e C	Data: 9 e 11/04	Horário: 13h30	Dias: quarta-feira e sexta-feira
Objetivos: 1) Possibilitar aos alunos experiências de movimentos relacionadas à consciência do corpo. 2) Introduzir os ritmos que serão trabalhados no decorrer das aulas (merengue, forró, samba e soltinho), de forma recreativa, como forma de interagir e reconhecer a turma.			
Parte inicial (10 a 20 minutos) **Perguntar: Alguém sabe o que é a dança de salão? Quando e onde surgiu? Já viram alguém dançar junto com outra pessoa?** **Quais as danças de salão que eles conhecem? Se conhecerem, de qual mais gostam?** 1) Dançar livremente no ritmo da música. 2) Movimentar-se na música utilizando as diferentes partes do corpo: cabeça, braços, joelhos, troco, pés, conforme sugerido pela professora.			
Parte principal (50 a 60 minutos) 1) Duas colunas – atravessar a sala no ritmo da música do merengue: individualmente, em duplas, trios e a sala toda. 2) Dança das cadeiras no ritmo do forró. 3) Andar nos bambolês – no tic-tic-tum do samba, o "tic-tic" é em um bambolê e o "tum" é dentro de outro bambolê; terão que passar de um para o outro. 4) Ensinar o passo básico do soltinho – 2 a 2 – no passo a frente, bater palma um no outro. 5) Pega-pega – o pegador só pode deslocar-se lateralmente, e quem for pego deve ficar no lugar fazendo o passo "atrás, à frente".			
Finalização (10 a 20 minutos) 1) Brincadeira do relógio – grupos de 5 crianças: uma criança fica deitada no chão e as outras seguram os braços e pernas do colega que está deitado. A finalidade é movimentar livremente essas partes do corpo, com diferentes movimentos, ao mesmo tempo e no ritmo da música que imita as batidas do relógio.			
Observação			

Planos de aula – 3 e 4

Turmas: 4º A, B e C	Data: 16 e 18/04	Horário: 13h30	Dias: quarta-feira e sexta-feira

Objetivo

Possibilitar aos alunos experiências de movimentos relacionadas à consciência do tempo e do espaço.
Introduzir a dança de salão – iniciar o ritmo do merengue.

Parte inicial (10 a 20 minutos)

O que é o espaço? O que é velocidade (relação entre espaço percorrido e tempo de percurso)?
O que vocês conhecem que seja bastante rápido? Como vocês imitariam um avião, um carro de Fórmula 1, um foguete etc.?
O que vocês conhecem que seja bastante lento? Como vocês imitariam uma tartaruga, uma lesma, um bicho-preguiça?

1) Quem consegue atravessar a sala o mais rápido possível? E o mais lento possível? O que foi diferente?
2) Andar no tempo e espaço determinado pelo professor durante 30, 10, 5 segundos, sem música e com música (rápida e lenta).
3) Idem, modificando o espaço, a posição do corpo e o nível (em quatro apoios, deitado) (terão de percorrer um espaço maior com o mesmo tempo).

Parte principal (50 a 60 minutos)

Conversar com os alunos sobre a aula anterior.
Quem se lembra do nome de alguma dança que foi feita na aula anterior?
Quem se lembra do passo? Pode mostrar?

1) Iniciar o passo básico do merengue, individualmente, com e sem deslocamento.
2) Passo básico do merengue para frente, trás, direita e esquerda, descendo e subindo, girando.
3) Realizar o passo básico do merengue com uma bexiga, jogando-a para o alto, livremente.
4) 2 a 2 ou mais – pedir para se juntarem de acordo com a cor da bexiga, sem parar de fazer o passo básico.
5) Duas colunas – o primeiro aluno de cada coluna vai até o local determinado, executando o passo básico do merengue e voltar; jogando uma bexiga para cima sem deixá-la cair.
6) Duas colunas – o primeiro aluno de cada coluna vai até o local determinado, deslocando-se de costas, executando o passo básico do merengue e volta, jogando uma bexiga para cima sem deixá-la cair.
7) 2 a 2 – dançar o passo básico do merengue jogando a bexiga um para o outro.
8) 2 a 2 – dançar o merengue um de costas para outro e a bexiga no meio dos dois, sem deixá-la cair.
9) 2 a 2 – dançar o merengue segurando um no ombro do outro, e a bexiga no meio dos dois, sem deixá-la cair.

10) 2 a 2 – dançar o merengue segurando na postura enlaçada, e a bexiga no meio dos dois, sem deixá-la cair. 11) 2 a 2 – dançar com a bexiga no meio dos dois e ir até determinado ponto da sala, onde irão estourar a bexiga dançando, e continuar dançando mais de perto. 12) Quão longe vocês podem dançar um com o outro sem perder o contato? 13) Quão perto do colega você consegue dançar? 14) Explicar a postura enlaçada.
Finalização (10 a 20 minutos) 1) Pedir para os alunos perguntarem para os pais ou algum conhecido se sabem dançar e qual ritmo, e mostrar como é que eles dançam. 2) Discutir o que acharam e o que aprenderam do merengue (*feedback*). 3) Fazer a brincadeira do relógio.
Observação Material: bexigas coloridas, cronômetro. As seguintes atividades não foram realizadas, mas ficarão para a próxima aula. 1) Passo básico do merengue em coluna: todos juntos segurando nos ombros um do outro. 2) Minhocão: um segurando no ombro do outro, guiados pelo professor, no ritmo do merengue.

Planos de aula – 5 e 6

Turmas: 4º A, B e C	Data: 23 e 25/04	Horário: 13h30	Dias: quarta-feira e sexta-feira

Objetivo

1) Possibilitar aos alunos experiências de movimentos relacionadas à consciência do fluxo do peso do corpo no tempo e no espaço.
2) Introduzir variações do merengue. Na discussão inicial, relembrar o que foi feito na aula anterior (merengue).

Parte inicial (10 a 20 minutos)

O que vocês conhecem que seja bastante pesado? E que seja bastante leve?
Qual a diferença entre uma pena e um elefante?
Como se movimenta algo bem pesado? Esse movimento é livre ou "preso"?
Como se movimenta algo bem leve? Esse movimento é livre ou preso? (fluência livre e contida)

1) Movimentar-se como um robô de 200 kg (mudar direções e níveis).
2) Movimentar-se como se tivessem 100 kg.
3) Movimentar-se como se tivessem 50 kg.
4) Movimentar-se como se tivessem 5 kg e/ou como se fosse uma pena.
5) 2 a 2 – um colega será um robô, que deverá andar aleatoriamente; o outro tocará nele mudando a sua direção, primeiro, sem música e, depois, com música.
6) Variação: 2 a 2 – um colega será um robô e deverá andar aleatoriamente; o outro tocará nele mudando sua direção até colocá-lo dentro do arco espalhado pela sala. O robô ficará de olhos vendados.
7) Idem ao anterior com música.

Parte principal (50 a 60 minutos)

Discussão inicial:
Quem se lembra de como é o passo básico do merengue?
Quem gostaria de mostrar?
Pedir para os alunos mostrarem a dança que eles perguntaram aos pais.

1) Revisar o passo básico do merengue, mudando direções e níveis livremente pela sala.
2) Passo básico do merengue em coluna: todos seguram nos ombros um do outro.
3) Minhocão: um segura nos ombros do outro, guiados pelo professor, no ritmo do merengue.
4) Ensinar o passo de girar: a dama no lugar e o cavalheiro em volta dela, o cavalheiro enrola a dama e ela passa por baixo do braço dele.

5) Coelho sai da toca e dança merengue (individualmente) – espalhar arcos pelo chão; os alunos ficarão dentro dos arcos e um aluno ficará fora deles. Ao sinal, todos deverão trocar de arco e continuar dançando o passo básico do merengue. 6) Coelho sai da toca e dança merengue (em duplas) – espalhar arcos pelo chão; os alunos ficarão 2 a 2 dentro dos arcos e uma dupla ficará fora deles; ao sinal, todos deverão trocar de arco e continuar dançando o passo básico do merengue e o passo de girar a dama no lugar, depois enrolar a dama e passar por baixo do braço do cavalheiro.
Finalização (10 a 20 minutos) 1) Criações elaboradas pelos alunos. Que passos podem fazer? 2) Como saber se os movimentos servem para dançar o merengue? 3) Alongar e relaxar deitados no colchonete.
Observação Material: arcos, cronômetro, elástico.

Planos de aula – 7 e 8

Turma: 4º A, B e C	Data: 30/04 e 02/05	Horário: 13h30	Dias: quarta-feira e sexta-feira

Objetivo

1)Possibilitar aos alunos experiências de movimentos relacionadas à adaptação a companheiros.
2) Trabalhar variações do ritmo do merengue.

Parte inicial (10 a 20 minutos) (adaptação a companheiros)

Como posso alongar com outra pessoa?
Quão mais próximo vocês podem ficar do colega sem tocá-lo?
Qual o menor toque que vocês podem dar no colega?
Qual o maior toque que vocês podem dar no colega?

1) Alongamento 2 a 2 – um deverá alongar as partes do corpo solicitadas do colega.
2) Movimentar-se no ritmo da música; quando o professor falar "para", fazer uma estátua (criar a sua própria estátua).
3) Colocar figuras de pessoas no chão, quando parar a música, a criança imitará a figura que estiver mais próxima – usar várias direções para se deslocar para frente, lado, trás, diagonal.
4) 2 a 2 – quando parar a música, um faz a estátua, e o outro imita.
5) Grupos 1 e 2 – movimentar-se no ritmo da música, quando o professor falar "para", o grupo 1 faz a estátua e o grupo 2 procura um colega para imitar sua estátua.
6) 2 a 2 – quando um aluno estiver fazendo uma estátua, o outro procurará fazer outra estátua em volta do colega (preencher os espaços vazios do corpo do colega).
7) Estátuas 2 a 2 – distribuir figuras em poses da dança de salão pelo chão, em duplas, as crianças deverão imitar as figuras.

Parte principal (50 a 60 minutos)

1) Relembrar variações do merengue, no início ou no final da aula.
2) Pega-pega no ritmo do merengue: 2 a 2 de mãos dadas, tentarão pegar outra dupla, quem for pego deve dançar o passo básico do merengue para ser salvo.
3) Pega-pega no ritmo do merengue: variação – com elástico amarrando os pés da dupla.
4) Duas colunas – 2 alunos ficarão dentro de um arco, irão até o local determinado e voltarão, para o próximo da coluna sair, executando o passo básico do merengue.
5) Duas colunas – 2 alunos ficarão dentro de um arco, irão até o local determinado com uma cadeira, deixarão o arco e voltarão, para o próximo da coluna sair, executando o passo básico do merengue. Ver qual coluna consegue colocar mais arcos na cadeira durante um minuto.

6) Variação: modificar o tempo para chegar até o ponto determinado. 7) Duas colunas – 2 alunos ficarão dentro do arco e segurarão atrás do colega para realizar o passo lateral até o local determinado e voltarão. 8) Em duplas, espalhados pela sala: deixar um arco no chão onde uma menina ou um dos colegas ficará dentro do arco, quem estiver fora do arco dançará em volta do arco, e quem estiver dentro dançará e girará no lugar, segurando nas mãos um do outro.
Finalização (10 a 20 minutos) 1) Conversar com os alunos sobre a aula: o que foi mais fácil e mais difícil? 2) Do que mais gostaram? 3) De qual música tocada na aula eles mais gostaram? 4) Alongamento em duplas.
Observação **Material:** arcos, elástico.

Planos de aula – 9 e 10

Turmas: 4º A, B e C	Data: 7 e 9/05	Horário: 13h30	Dia: quarta-feira e sexta-feira

Objetivo

1) Possibilitar aos alunos experiências de movimentos relacionadas à adaptação a companheiros.
2) Trabalhar variações do ritmo do merengue.
3) Iniciar o passo básico do forró.

Parte inicial (10 a 20 minutos) (adaptação a companheiros, idem a aula anterior)

Como é possível alongar com outra pessoa?
Quão mais próximo vocês podem ficar ao colega sem tocá-lo?
Qual o menor toque que vocês podem dar no colega?
Qual o maior toque que vocês podem dar no colega?

1) Alongamento 2 a 2 – um deverá alongar as partes do corpo solicitadas do colega.
2) Movimentar-se no ritmo da música e, quando o professor falar "para", fazer uma estátua (criar a sua própria estátua).
3) Colocar figuras de pessoas no chão e, quando parar a música, a criança imitará a figura que estiver mais próxima – usar várias direções para se deslocar para frente, lado, trás, diagonal.
4) 2 a 2 – quando parar a música, um faz a estátua e o outro imita.
5) Grupos 1 e 2 – movimentar-se no ritmo da música e, quando o professor falar "para", o grupo 1 faz a estátua e o grupo 2 procura um colega para imitar sua estátua.
6) 2 a 2 – quando um aluno estiver fazendo uma estátua, o outro procurará fazer outra estátua em volta do colega (preencher os espaços vazios em volta corpo do colega).
7) Estátuas 2 a 2 – distribuir figura pelo chão de poses em duplas.

Parte principal (50 a 60 minutos)

Quem conhece o forró? Qual música de forró vocês conhecem?
Qual música vocês mais gostam?
Como vocês dançam essa música individualmente? E em duplas?

Exercícios para chegar ao passo básico:

1) Molejo do joelho no lugar, com os dois pés no chão, somente com uma perna, alternadamente.
2) Formar uma roda de mãos dadas (passo abre e fecha indo para direita e, depois, para a esquerda).
3) Diminuir o número de passos para a direita e para a esquerda gradativamente (8, 6, 4 e 2).
4) Verificar quem consegue atravessar a sala, só com a perna direita na frente, depois a esquerda – deslocar pela sala para frente, somente com o passo da perna esquerda e, depois, somente com a direita.
5) Deslocar-se pela sala de costas, somente com o passo da perna esquerda e somente com o passo da direita.
6) Deslocar-se para frente, alternando as duas pernas, diminuindo, gradativamente, o número de passos com a mesma perna antes de trocar: 8, 6, 4, 2.
7) Definir o passo básico para frente e para trás.
8) Dança da cadeira – fazer o passo básico do forró em volta da cadeira no sentido anti-horário.
9) 2 a 2 – executar o passo básico, meninos para frente e meninas para trás.

Finalização (10 a 20 minutos)

1) Sentados, ouvir músicas diferentes de forró e bater palmas no ritmo e ensinar partes da letra da música.
2) Conversar com os alunos sobre a aula: o que foi mais fácil e mais difícil?
3) Do que mais gostaram? De qual música tocada na aula eles mais gostaram?
4) Pedir para os alunos perguntarem para alguém da família se conhece ou sabe dançar forró.

Observação

Planos de aula – 11 e 12

Turmas: 4º A, B e C	Data: 20 e 30/05	Horário: 13h30	Dias: quarta-feira e sexta-feira

Objetivo

1) Possibilitar aos alunos experiências de movimentos relacionadas ao uso instrumental do corpo (exemplo: as pernas são instrumentos para transportar o corpo de um lugar a outro).
2) Trabalhar variações do forró.

Parte inicial (10 a 20 minutos): uso instrumental dos membros do corpo

Como vocês poderão atravessar a sala sem usar os dois pés (andar de formas diferentes)?
Será que vocês conseguem carregar um colega?
Como você pode carregá-lo?
Trabalhar a ação de pressionar e deslizar.

1) 2 a 2 – atravessar a sala carregando o colega, como quiser (em pé ou deitado no chão, arrastando-o).
2) 2 a 2 – conduzir o colega com as mãos e levá-lo até outro lugar da sala, conduzindo por diferentes partes do corpo, braços, costas, barriga, ombros e joelhos.
3) 2 a 2 – Conduzir o colega somente com dois dedos e levá-lo a outro lugar da sala.
4) 2 a 2 – Conduzir o colega com diferentes partes do corpo, cabeça, com o tronco, costas etc.

Parte principal (50 a 60 minutos)

Quem se lembra de como é dançado o forró?
Quem gostaria de mostrar?

1) Revisar o passo básico individualmente e em duplas.
2) Iniciar o "cacau": pisar, repetidamente, na meia-ponta com o pé esquerdo (meninos) e com o direito (meninas), deslocando-se pela sala em diferentes direções.
3) Trabalhar variações do "cacau": abrindo e fechando, deslocamento lateral, entre outros, individualmente.
4) 2 a 2 – girar a dama fazendo o passo do "cacau"; dama gira no lugar e cavalheiro gira em volta da dama.
5) 2 a 2 – enrolar uma menina até ficar ao lado de um menino, sem soltar os braços; passar por baixo dos braços e, sem soltar as mãos, levar os braços da dama atrás do pescoço do cavalheiro e voltar à posição juntos.

Finalização

1) Conversar com os alunos sobre o que acharam da aula.
2) Pedir para os alunos criarem algum movimento diferente a partir do que foi trabalhado em aula.
3) Compartilhar as criações com os outros colegas.

Observação

Antes de iniciar os movimentos com variações de braço, pode-se fazer como um desafio a brincadeira de dar as mãos e procurar possibilidades de se "enrolarem" sem soltar as mãos, primeiro em grupos de 4 e depois de 2.

Planos de aula – 13 e 14

Turma: 4º A, B e C	Data: 20 e 30/05	Horário: 13h30	Dias: quarta-feira e sexta-feira

Objetivo

Possibilitar aos alunos experiências de movimentos relacionadas à consciência do corpo junto a ações básicas de esforço (pressionar, flutuar, vibrar, torcer, pontuar, socar, chicotear e deslizar).

Iniciar o trabalho com o ritmo do soltinho.

Parte inicial (10 a 20 minutos): consciência do corpo e ações de movimento

Quais partes do corpo vocês conhecem?
Como vocês conseguem movimentá-las?
Trabalhar a ação de pressionar, flutuar, vibrar, torcer, pontuar, socar, chicotear, deslizar, nas diferentes partes do corpo.
Como vocês podem movimentar a cabeça, os braços, as pernas, os ombros (e outras partes)? Vibrando ou torcendo?

1) Andar no ritmo da música movimentando as diferentes partes do corpo, como se estivesse flutuando.
2) Andar no ritmo da música movimentando as diferentes partes do corpo, como se estivesse socando o ar.
3) Variar as ações básicas de esforço.
4) Usar diferentes espaços amplos ou restritos para se movimentarem.

Parte principal (50 a 60 minutos): iniciar o soltinho

Quem conhece uma dança chamada soltinho?
Quem gostaria de mostrar?
Mostrar músicas para os alunos que podem ser utilizadas para dançar soltinho.

1) Mostrar como é o passo básico do soltinho: atrás, à frente, 1, 2, 3; enquanto o professor mostra o movimento, quem quiser pode tentar fazer igual.
2) Quebrar o movimento do soltinho em duas partes: trabalhar o movimento para trás e para a frente, repetidamente.
3) Trabalhar o movimento "1, 2, 3" repetidamente com deslocamento lateral; diminuir o número de passos até chegar no "1, 2, 3".
4) Marcar com um "X" de fita crepe o local do movimento completo do soltinho:
   X X X
   X X
5) Pega-pega "lateral" – só podem se deslocar lateralmente, quem for pego deve fazer o movimento atrás e à frente no lugar.
6) 2 a 2 – um fica de frente para o outro, não precisam se tocar neste momento, realizar o passo básico do soltinho como se fossem espelhos.

Finalização (10 a 20 minutos)
1) Lenço atrás – em círculo e sentados no chão, não deverão correr, mas somente andar. 2) Os alunos devem criar a partir do que foi trabalhado em sala. Compartilhar as criações com os outros colegas. 3) Pedir para que tragam músicas de soltinho.
Observação Material: lenços

Planos de aula – 15 e 16

Turmas: 4º A, B e C	Data: 11 e 13/06	Horário: 13h30	Dias: quarta-feira e sexta-feira
Objetivo Possibilitar aos alunos experiências de movimentos relacionadas ao tempo e à adaptação a companheiros. Iniciar montagem coreográfica do soltinho.			
Parte inicial **Vamos ver quem faz uma estátua bem bonita?** 1) 2 a 2 – dançar livremente no ritmo da música; ao parar, o aluno deverá fazer uma estátua e o colega deve imitar. 2) 2 a 2 – moldar o corpo do colega como na "estátua", ele deve resistir com diferentes pressões no corpo. 3) Exercícios de contrapeso 2 a 2, 3 a 3 ou mais: brincar de "joão-bobo" – um colega cai na direção dos outros que vão segurá-lo. 4) Movimentar partes do corpo no tempo determinado pelo professor, como mexer o braço e parar quando o aluno pensar que deram 10 segundos. 5) Andar no ritmo da batida das palmas ou do tamborete, contando 8 tempos e esperar, parado, 8 tempos. 6) Andar no ritmo da batida das palmas ou tamborete contando 4 tempos e esperar, parado, 4 tempos. Obs.: Variação – quando estiver parado, o aluno pode movimentar alguma outra parte do corpo, o que poderá ser feito na música se o professor contar os tempos. 7) 2 a 2, idem ao anterior. Porém, um dos colegas imita o outro como se fosse a "sombra" dele, depois, trocam-se o imitador e as duplas.			

Parte principal (50 a 60 minutos): trabalhar as variações do soltinho: "New York" e passo básico com "troca de lado".

1) Andar pela sala colocando a ponta do pé à frente antes de passar o peso para pisar.
2) Andar pela sala colocando a ponta do pé à frente antes de passar o peso para pisar, estralando os dedos.
3) Andar pela sala colocando a ponta do pé à frente antes de passar o peso para pisar, esticando o braço à frente; esse braço é do mesmo lado que a perna que pisa à frente.
4) Andar pela sala colocando a ponta do pé à frente antes de passar o peso para pisar, virando-se para um lado e depois para o outro.
5) 2 a 2 – realizar o passo New York atravessando a sala.
6) 2 a 2 – juntar o passo básico com o New York.
7) 2 a 2 – um de frente para o outro realizam o passo básico trocando de lugar; definir que um deverá passar pela frente e o outro deverá passar por trás do colega. No final do passo, deverão estar um no lugar do outro e frente a frente.

Finalização (10 a 20 minutos)

1) Conversar com os alunos sobre a montagem coreográfica.
2) Mostrar várias músicas para que possam escolher uma para a coreografia.
3) Iniciar a montagem da coreografia e pedir sugestão aos alunos para a próxima aula.

Observação

Planos de aula – 17 e 18

Turma: 4º A, B, e C	Data: 18 e 19/06	Horário: 13h30	Dia: quarta-feira e sexta-feira

Objetivo

1) Revisar algumas variações do Soltinho.
2) Montagem coreográfica.

Parte inicial (10 a 20 minutos)

Ouvir as músicas levadas pelos alunos e verificar com eles se podem ser caracterizadas como tal.
Quem lembra do passo do soltinho? Quem gostaria de mostrar?

1) Revisar os passos trabalhados: passo básico, "New York", 1, 2, 3, troca de lado.

Parte principal (50 a 60 minutos)

1) Iniciar o rocambole.
2) Individualmente: pisar à frente, virar três vezes e pisar atrás, voltando três vezes.
3) Fazer o movimento ao lado de um colega, sincronizando o pisar e o virar.
4) Fazer o movimento com o "enrolar" dos braços.
5) Continuar a montagem coreográfica.

Finalização (10 a 20 minutos)

1) Ensaio da coreografia

Observação

Planos de aula – 19 e 20

Turma: 4º A, B e C	Data: 25 e 26/06	Horário: 13h30	Dias: quarta-feira e sexta-feira
Objetivo 1) Iniciar o samba no pé e o samba de gafeira.			
Parte inicial (10 a 20 minutos): samba no pé **Quem já dançou samba? Quem já assistiu ao Carnaval? Como vocês sambam?** **Explicar a diferença do samba de gafieira e samba no pé.** 1) Trabalhar molejo no lugar e para trás. 2) Troca de pés no lugar com molejo. 3) Passo 1, 2 e 3 do samba no pé.			
Parte principal (50 a 60 minutos): samba gafieira 1) Andar no ritmo da música do samba, no tempo forte. 2) Variações no deslocamento, para a frente e para trás. 3) Andar introduzindo o contratempo, pisa-pisa e para. 4) Andar com o passo: pequeno-pequeno e grande. 5) Definir o passo básico: tic-tic-tum; esquerda para a frente e direita para trás. 6) 2 a 2 – passo básico, trocando de pares. 7) 2 a 2 – na postura enlaçada executar o passo básico.			
Finalização (10 a 20 minutos) 1) Quem se lembra do primeiro ritmo que aprendemos? Quem gostaria de mostrar? 2) Revisar os ritmos trabalhados: merengue, forró, soltinho. 3) Ensaiar a coreografia.			
Observação			

APÊNDICE B – Ficha de identificação do aluno

Ficha de identificação do aluno	
Dados Pessoais Nome:__________________________________ Filiação: __________________ e __________________ Idade:______ Sexo:_________ Data de nascimento: _____/______/_______ Escola/Colégio: ______________________________ Ano: ______________	
Residência Endereço: _______________________ nº________ compl. ________ Bairro: __________________ CEP ____________ Cidade:________________	
( ) Casa Possui quintal? ( ) Sim ( ) Não Costuma brincar na rua? ( ) Sim ( ) Não Caso não, justifique ______________ ______________________________	( ) Apartamento Possui área livre? ( ) Sim ( ) Não Costuma brincar na rua? ( ) Sim ( ) Não Caso não, justifique ______________ ______________________________

Atividades cotidianas de seu(sua) filho(a)

- Pratica algum tipo de dança? ( ) Sim ( ) Não

  Qual? _______________________ Tempo de prática__________
- Pratica algum tipo de esporte? ( ) Sim ( ) Não

  Qual?_______________________ Tempo de prática___________
- Qual motivo levou seu(sua) filho(a) para a prática dessa atividade esportiva?

____

____

- Quanto tempo por dia passa assistindo à TV? ______________
- Quanto tempo por dia passa em frente ao computador? _____

APÊNDICE C – Inventário de eficiência pessoal

<table>
<tr><th colspan="4">Inventário de eficiência pessoal</th></tr>
<tr><td>Nome:</td><td colspan="3">Idade:</td></tr>
<tr><td>Escola:</td><td colspan="3">Ano:</td></tr>
<tr><td colspan="4">Você já teve experiência com algum tipo de dança?
☐ Nunca ☐ Raramente ☐ Sempre</td></tr>
<tr><td colspan="4">Você sabe o que é dança de salão?
☐ Sim ☐ Não</td></tr>
<tr><td colspan="4">Você gostaria de aprender dança de salão?
☐ Sim ☐ Não
Por quê?
____
____
____</td></tr>
<tr><td colspan="4">Instrução: assinale a figura correspondente ao seu sentimento em relação a cada item abaixo.
☺ Sei que consigo realizar a atividade
😐 Não tenho certeza se consigo realizar a atividade
☹ Sei que não consigo realizar a atividade</td></tr>
<tr><td>1. Como você se sente sobre sua habilidade de fazer uma atividade como a dança de salão?</td><td>☺</td><td>😐</td><td>☹</td></tr>
<tr><td>2. Como você se sente sobre sua habilidade de se movimentar no ritmo de uma música?</td><td>☺</td><td>😐</td><td>☹</td></tr>
<tr><td>3. Como você se sente sobre sua habilidade de dançar com um colega do sexo oposto?</td><td>☺</td><td>😐</td><td>☹</td></tr>
<tr><td>4. Como você se sente sobre sua habilidade de dançar sem esbarrar no colega?</td><td>☺</td><td>😐</td><td>☹</td></tr>
<tr><td>5. Como você se sente sobre sua habilidade de dançar uma música rápida?</td><td>☺</td><td>😐</td><td>☹</td></tr>
<tr><td>6. Como você se sente sobre sua habilidade de dançar uma música lenta?</td><td>☺</td><td>😐</td><td>☹</td></tr>
<tr><td>7. Como você se sente sobre sua habilidade de dançar junto com um colega da sua turma da escola?</td><td>☺</td><td>😐</td><td>☹</td></tr>
</table>

(Inventário de Eficiência Pessoal, adaptado de Valentini, 2006.)

Agradecemos sua colaboração!

Anexos

ANEXO A – Escala de percepção de competência

Nome:________________________________ Idade:_____

Modalidade:___________________________ Ano: ________

Data de hoje:____/____/____ Data nasc: ____/___/___

	Totalmente verdade para mim	**Um pouco verdade para mim**		**MAS**		**Um pouco verdade para mim**	**Totalmente verdade para mim**
1.			Algumas pessoas sentem que são muito boas em seus trabalhos escolares	**MAS**	Outras pessoas ficam preocupadas se podem fazer o trabalho escolar		
2.			Algumas pessoas sentem dificuldades para fazer amigos	**MAS**	Outras pessoas sentem facilidades para fazer amigos		
3.			Algumas pessoas fazem muito bem todos os tipos de esportes	**MAS**	Outras pessoas não sentem que são muito boas quando praticam esportes		
4.			Algumas pessoas são felizes com seu jeito de ser	**MAS**	Outras pessoas são infelizes com seu jeito de ser		
5.			Algumas pessoas não gostam frequentemente do modo que elas se comportam	**MAS**	Outras pessoas gostam de seu comportamento usualmente		

Continua

Continuação

	Totalmente verdade para mim	Um pouco verdade para mim		MAS		Um pouco verdade para mim	Totalmente verdade para mim
6.			Algumas pessoas são frequentemente infelizes com elas próprias	MAS	Outras pessoas são felizes com elas próprias		
7.			Algumas pessoas sentem que são tão espertas quanto outras pessoas de sua idade	MAS	Outras pessoas não tem certeza se elas são tão espertas		
8.			Algumas pessoas têm muitos amigos	MAS	Outras pessoas não têm muitos amigos		
9.			Algumas pessoas desejam ser melhor nos esportes	MAS	Outras pessoas sentem que elas são boas o suficiente nos esportes		
10.			Algumas pessoas são felizes com sua altura e peso	MAS	Outras pessoas gostariam que seu peso e altura fossem diferentes		
11.			Algumas pessoas fazem geralmente as tarefas direito	MAS	Outras pessoas frequentemente não fazem as tarefas direito		
12.			Algumas pessoas não gostam do modo com que suas vidas são conduzidas	MAS	Outras pessoas gostam do modo que suas vidas são conduzidas		

Continua

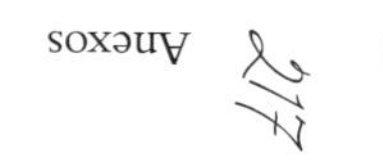

Continuação

	Totalmente verdade para mim	Um pouco verdade para mim		MAS		Um pouco verdade para mim	Totalmente verdade para mim
13.			Algumas pessoas são lentas para cumprir seu trabalho escolar	MAS	Outras pessoas podem fazer seu trabalho escolar rapidamente		
14.			Algumas pessoas gostariam de ter muito mais amigos	MAS	Outras pessoas têm tantos amigos quanto desejam		
15.			Algumas pessoas pensam que podem fazer bem alguma nova atividade esportiva que não tenham tentado antes	MAS	Outras pessoas têm medo de não fazerem bem esportes que não tenham praticado antes		
16.			Algumas pessoas desejam ter o corpo diferente	MAS	Outras pessoas gostam de seu corpo como ele é		
17.			Algumas pessoas geralmente comportam-se do modo esperado	MAS	Outras pessoas frequentemente não se comportam do modo esperado		
18.			Algumas pessoas são felizes consigo mesmas	MAS	Outras pessoas frequentemente não são felizes com elas próprias		
19.			Algumas pessoas frequentemente esquecem o que elas aprendem	MAS	Outras pessoas podem lembrar das coisas facilmente		

Continua

Continuação

	Totalmente verdade para mim	Um pouco verdade para mim		MAS		Um pouco verdade para mim	Totalmente verdade para mim
20.			Algumas pessoas estão sempre fazendo tarefas com outras pessoas	**MAS**	Outras pessoas frequentemente fazem as tarefas por conta própria		
21.			Algumas pessoas sentem que são melhores que outros de sua idade nos esportes	**MAS**	Outras pessoas não sentem que elas podem jogar bem		
22.			Algumas pessoas desejam ter aparência física diferente	**MAS**	Outras pessoas gostam de sua aparência física		
23.			Algumas pessoas frequentemente tem problemas por causa das tarefas que fazem	**MAS**	Outras pessoas frequentemente não fazem tarefas que trazem problemas para ela		
24.			Algumas pessoas gostam do tipo de pessoa que são	**MAS**	Outras pessoas frequentemente desejam ser outra pessoa		
25.			Algumas pessoas fazem muito bem seu trabalho de classe	**MAS**	Outras pessoas não fazem muito bem seu trabalho de classe		
26.			Algumas pessoas desejam que mais pessoas de sua idade gostem dela	**MAS**	Outras pessoas sentem que a maioria das pessoas de sua idade gostam dela		

Continua

Continuação

	Totalmente verdade para mim	Um pouco verdade para mim		MAS		Um pouco verdade para mim	Totalmente verdade para mim
27.			Algumas pessoas em jogos e esportes frequentemente assistem em vez de jogar	MAS	Outras pessoas frequentemente preferem jogar que somente assistir		
28.			Algumas pessoas desejam que algumas partes de seu rosto ou cabelo fosse diferente	MAS	Outras pessoas gostam do seu rosto e cabelo do jeito que são		
29.			Algumas pessoas fazem coisas que sabem que não deveriam fazer	MAS	Outras pessoas dificilmente fazem coisas que elas sabem que não devem fazer		
30.			Algumas pessoas são muito felizes sendo do modo como elas são	MAS	Outras pessoas desejam ser diferentes		
31.			Algumas pessoas têm problemas para responder a perguntas na escola	MAS	Outras pessoas quase sempre podem responder a perguntas na escola		
32.			Algumas pessoas são populares com outros de sua idade	MAS	Outras pessoas não são muito populares		
33.			Algumas pessoas não fazem muito bem novos esportes	MAS	Outras pessoas são boas ao iniciar novos esportes		
34.			Algumas pessoas pensam que têm boa aparência	MAS	Outras pessoas pensam que não têm boa aparência		

Continua

Continuação

	Totalmente verdade para mim	Um pouco verdade para mim		MAS		Um pouco verdade para mim	Totalmente verdade para mim
35.			Algumas pessoas comportam-se muito bem por si próprias	MAS	Outras pessoas frequentemente acham difícil comportar-se bem por si próprias		
36.			Algumas pessoas não são muito felizes com o modo que elas fazem muitas coisas	MAS	Outras pessoas pensam que o modo que elas fazem as coisas está bom		

Agradecemos pela colaboração!

ANEXO B – Ficha de coleta de dados do teste KTK

Identificação:

Nome: ________________________________ Sexo: M (   ) F (   )

Data de nascimento: __/__/___ Data da avaliação: __/__/___

Idade: ________________________________

1. Tarefa equilíbrio na trave

Trave	1	2	3	Soma
6,0 cm				
4,5 cm				
3,0 cm				
			Total	
			QM1	

2. Tarefa salto monopedal

Altura	0	5	10	15	20	25	30	35	40	45	50	55	60	Soma
Direita														
Esquerda														
													Total	
													QM2	

3. Tarefa salto lateral

Saltar 15 segundos	1	2	Soma
		Total	
		QM3	

4. Tarefa transferência de plataforma

Transferir 20 segundos	1	2	Soma
		Total	
		QM4	

Soma de QM1 até QM4 __________ Total de QMG ___________

Classificação __________________ Percentual _________________

Avaliador(a) ____________________________ Data ___/___/_____

Sobre o livro
Formato: 17 x 24 cm
Mancha: 11,2 x 19,1 cm
Papel: Offset 90g
nº páginas: 224
Tiragem: 2.000 exemplares
1ª edição: 2014

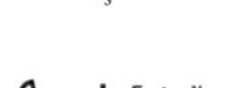

Equipe de realização

Assistência editorial
Liris Tribuzzi

Assessoria editorial
Maria Apparecida F. M. Bussolotti

Edição de texto
Gerson Silva (Supervisão de revisão)
Renata Sangeon (Preparação do original e copidesque)
Fernanda Fonseca e Diego Hungria (Revisão)

Editoração eletrônica
Fabiana Lumi (Projeto gráfico e diagramação)
Ricardo Howards (Ilustrações)
Évelin Kovaliauskas Custódia (Capa e diagramação)

Impressão
Printing Solutions & Internet 7 S.A